insel taschenbuch 4449
Hermann Hesse
Lagunenzauber

HERMANN HESSE LAGUNEN ZAUBER

AUFZEICHNUNGEN AUS VENEDIG

Herausgegeben von Volker Michels
Mit zahlreichen Abbildungen

Insel Verlag

Erste Auflage 2016
insel taschenbuch 4449
Originalausgabe
© Insel Verlag Berlin 2016
Vertrieb durch den Suhrkamp Taschenbuch Verlag
Umschlag: hißmann, heilmann, hamburg
Umschlagabbildung: Interfoto, München
Druck: optimal media GmbH, Röbel/Müritz
Printed in Germany
ISBN 978-3-458-36149-7

INHALT

IN DEN KANÄLEN VENEDIGS

Venedig! Man steigt in der großen Halle des Bahnhofs aus, tritt ins Freie und hat eine breite, ins Wasser hinabführende Treppe vor sich, an welcher, wie bei uns die Droschken, die Gondeln warten. Mit dem Rufe »gondola! gondola!« drängen sich die zahlreichen Gondoliere auf. Man wählt sich eines der schlanken schwarzen Fahrzeuge aus, setzt sich in die weichen Polster und fährt leise mit behaglichem Wiegen in die fremde Welt der Kanäle hinein.

Beschreiber und Dichter haben von dieser eigenartigen kleinen Wasserwelt in unzähligen Büchern erzählt; ich begnüge mich, einige einzelne Erlebnisse und Stimmungen zu berichten. Venedig übte auf mich einen stärkeren Zauber aus als irgendeine andere italienische Stadt, und ich glaube, in den kurzen drei Wochen meines dortigen Aufenthaltes nach Möglichkeit in seine Geheimnisse eingedrungen zu sein.

Die Lage meiner Wohnung, von der nur eine einzige schmale Gasse mit großen Umwegen nach den wichtigeren Plätzen der Stadt führte, nötigte mich, von der Gondel sehr reichlich Gebrauch zu machen. Und eine Reihe intimer, poetischer Eindrücke verdanke ich diesen Fahrten. Schon das Fahrzeug, die schwarze, leichte, schlanke Gondel, und die lautlos sanfte Art der Bewegung hat etwas Fremdartiges, träumerisch Schönes und gehört als wesentlicher Faktor in die Stadt des Müßiganges, der Liebe und der Musik. Wer in Venedig die Kunststätten besucht, schätzt dies besonders: aus einer Kirche, einem Palaste, einem Museum tretend, verliert man meistens durch das sich aufdrängende, Aufmerksamkeit fordernde Straßenleben aus Augen und Sinn die zarteren Eindrücke, während man hier auf der Fahrt von einem solchen Orte zum andern oder nach Hause ungestört auf dem stillen Wasser das Gesehene bewahren und nachgenießen kann.

Ganz zu Beginn meiner Venezianer Tage rief ich eines Abends vom Fenster meines Zimmers aus einen Gondoliere herbei, stieg vor der Haustüre ein und gab als Ziel den Rialto[1] an, in dessen Nähe ich zu Abend essen wollte. Es war ein schwüler Tag gewesen, ein Gewitter stand bevor. In den ohnehin durch die hohen Häuserreihen verdunkelten engen Kanälen wuchs die Dämmerung eilig. Seltsam war es, den starken Gewitterwind, vor dem unser schmaler Kanal völlig geschützt war, über die Dächer brausen zu hören, während unten kein Lüftchen rege war. Mein Gondoliere ruderte eifrig, ich hatte ihm ein Trinkgeld versprochen, wenn wir vor dem Ausbruch des Regens ankämen. Aus dem engen Kanal bogen wir in einen noch engeren, der schon fast völlig dunkel war. Eilig glitten wir den finstern Wänden entlang, zwei, drei Regentropfen klatschten schon in das schwarze tote Wasser. Der Kanal mündete in einen anderen, breiteren, und dieser lag dem Durchzug des Windes frei, den man schon in einiger Entfernung dort tosen hörte. Wir erreichten die Mündung, der Gondoliere wollte einbiegen, wurde vom Wind zur Seite gedrängt, versuchte es nochmals und mußte nach längeren Anstrengungen die Versuche aufgeben. So warteten wir denn an der Kanalecke in vollkommen stillem Wasser, während zwei Schritte vor uns der breite Kanal vom Sturm durchpfiffen und stark erregt war. Ich ermunterte den Ruderer zu einem neuen Versuch, die Biegung zu gewinnen. Auch dieser mißlang. In diesem Augenblick brach plötzlich eine fahle Helle durch die tiefe Dämmerung – der erste Blitz. Auf diesen folgte ein dich-

---

1 Venedigs berühmteste, 1588-91 errichtete, 48 m lange Brücke über den Canal Grande.

Marine

herzlich grüßt Sie
Hermann Hesse

Bildpostkarte an Karl Ernst Knodt

ter, toller Regenguß. Ich rief dem Ruderer zu, eiligst ins Trok-
kene zu flüchten, und wir fuhren nun so rasch als möglich im
selben Kanal zurück, bis wir die nächste Brücke erreichten.
Unter dem stark gewölbten, doch niedrigen Brückenbogen
machten wir nun, in völliger Finsternis, halt. Die Breite der
Brücke entsprach genau der Gondellänge, in der Mitte der
Gondel saß ich behaglich im Dunkeln, neben mir stand der
Gondoliere, das Fahrzeug an der Mauer festhaltend; zu beiden
Seiten rauschte der gewaltige Regen herab. Einige beschauli-
che Minuten vergingen so, da kam, Unterschlupf suchend,
eine zweite Gondel an und legte sich neben die meinige, und
nach kurzer Zeit kam in schleuniger Flucht eine dritte hinzu. Die drei Gondeln füllten den ganzen überbrückten Raum
knapp aus. Man konnte einander in der Dunkelheit nicht
erkennen, dennoch entstand aus vereinzelten Ausrufen und
Scherzen über unsre eigentümliche Lage bald ein gemeinsa-
mes Gespräch. So hingen nun die drei Gondeln unter der kleinen Brücke wie flüchtige Vögel untergekrochen, und von Gondel zu Gondel ging in der Finsternis vertrauliche Rede und
Antwort hin und her – eine Viertelstunde voll seltsamer Mär-
chenplauderstimmung, geheimnisvoll und fröhlich zugleich,
die mir wie ein kleines trauliches Lied mit der Begleitung des
niederstürzenden Regens in der Erinnerung liegt.

Ein andermal war ich nach San Redentore[2] gefahren und
hatte die Gondel entlassen, ohne an die Rückfahrt zu denken.
San Redentore liegt auf der Giudecca, einer langgestreckten
Insel, und hat keinen festen Gondelhalteplatz. Als ich nun
nach kurzer Zeit die Kirche wieder verließ, fand ich keine
Gondel vor. Den einzigen im Augenblick gegenwärtigen Menschen, einen Schiffsknecht, bat ich vergebens, mich nach San

2 Il Redentore (»Der Erlöser«), von Andrea Palladio (1508-80) entworfene
   Kuppelkirche (1577-92) auf der Giudecca-Insel.

Giorgio[3] überzusetzen. Das nächste Omnibusschiff sollte erst in einer Stunde kommen, und ich wurde am Markusplatz von Freunden erwartet. Da fuhr in der Nähe das Segelboot eines Fischers vorüber und nahm mich auf mein flehentliches Anrufen auf. So kam ich wenigstens einmal dazu, eine Strecke auf einem solchen Boot zu fahren, mit deren Besitzern ich in Malamocco[4] und Chioggia[5] manchmal geplaudert hatte und deren malerische Erscheinung am Horizont des offenen Meeres mich vom Lido aus, wo ich täglich badete, so oft erfreut hatte. Das schwere Boot mit dem braunroten Segel glitt rasch über die Lagune hin, die in opalartig mildem Glanze leuchtete, von perlmutternen Schillerfarben überflogen, und ich erreichte Venedig schneller, als ich gehofft hatte. Unterwegs verzehrte ich eine Handvoll frische Austern, die mir der Fischer aus seinem Korbe anbot, und die, vom herben Meerwasser gewürzt, mir köstlich mundeten. Es gelingt mir nicht, das zu schildern, was diese morgendliche Bootfahrt mir lieb und wertvoll macht, – ich erinnere mich ihrer als eines unschätzbaren Genusses. Wer die Lagune kennt, wie sie an sonnigen Tagen ist, wird mich verstehen: das vielfarbige Glänzen des ebenen Wassers, die gegen den tiefblauen Himmel traumhaft aufsteigende Stadt mit dem Dogenpalast im Vordergrund, der blendend leuchtende Globus der Dogana[6] und dahinter die elegante Kuppel der Salute[7], dazu der herbe Duft des Wassers,

---

3 San Giorgio Maggiore; Benediktinerabtei auf der gleichnamigen, östlich von der Giudecca gelegenen Insel.
4 Ort auf der Bäderinsel Lido.
5 Stadt und Seehafen im Süden der Lagune.
6 Auf dem Turm der Punta della Dogana, dem ehemaligen Sitz der Zollbehörde am Anfang des Canal Grande, befindet sich eine bewegliche Fortuna, die Glücksgöttin der seefahrenden Kaufleute, welche auf einer von zwei Atlanten getragenen, vergoldeten Weltkugel steht und ein Segel hält.
7 Santa Maria della Salute, imposante Barockkirche (1631-87) an der Einfahrt zum Canal Grande.

der Glanz des roten Segels und das stille Kreuzen der größeren Schiffe – das alles ist von so berückender Schönheit, daß man sich träumend glaubt und beständig fürchtet, das so unwirklich scheinende, auf dem Wasser stehende Bild der Wunderstadt möchte plötzlich wie das Irisspiel einer sonnigen Wolke verschwinden.

Auch an eine der in so vielen Liedern besungenen venezianischen Mondnächte kann ich nicht ohne Bewegung zurückdenken. Ich hatte mich stundenlang an einem klaren Maiabend auf der Piazzetta[8] herumgetrieben; nun saß ich ausruhend am Fuß der Säule des heiligen Theodor, die stundenlang anhaltende Bläue des Nachthimmels und die Wechsel der Lichter und Schatten auf dem Wasserspiegel beschauend. Hinter den Inseln stieg, noch unsichtbar, der Mond herauf, so daß die Giebellinie der Giudecca scharf hervortrat. Die schöngeformte, tiefschwarze Silhouette von San Giorgio Maggiore stieg wie eine fabelhafte, unglaubliche Dekoration aus dem Wasser, die ganze Inselwelt hob sich vom Himmel ab mit einer traumhaft unplastischen Schönheit. Dazwischen lag das spiegelglatte, dunkle Wasser, abwechselnd in silbernen Kielfurchen und roten, zackigen Laternenlichtern flüchtig aufleuchtend. Diese ganze ungewisse, in halb sichtbarer Schönheit dämmernde Welt schien den Aufgang des Mondes wie eine erlösende Entzauberung zu erwarten. Die letzten Takte der Abendmusik klangen vom Markusplatz herüber[9], die helle Doppelfront des Dogenpalastes schimmerte matt, als hätte

---

8 Der von der Piazza San Marco etwas abgesetzte Teil zwischen Dogenpalast, Biblioteca Marciana und der Lagune, wo die beiden Säulen mit dem Markuslöwen und dem ehemaligen Stadtpatron Theodorus stehen. Vgl. Hesses Gedicht »Piazzetta«, S. 133.
9 Im Sommer spielte am Dienstag, Donnerstag und Sonntag zwischen 20 und 22 Uhr eine Militärkapelle auf dem Markusplatz auf, im Winter zwischen 14 und 16 Uhr.

Der Mond über der Piazzetta, um 1900

der zweifarbige Marmor etwas von der tagsüber eingesogenen Sonne bewahrt.

Da stieg hart neben dem Kampanile[10] von San Giorgio der große, glänzende Mond herauf. Weiße Glanzlichter sprangen über Turm und Kirchendach. Die Lagune überzog sich mit einem schwebenden milden Licht, einzelne von Barken erregte kleine Wellen blitzten mit hastigem Glanze auf. Ich sprang in die nächste Gondel und rief dem herbeieilenden Gondoliere zu, mich langsam in den Canal grande hinein zu rudern. Jenseits der Salute, in der Lagune zwischen den Zat-

10 Glockenturm.

Reiterstandbild des Colleoni

tere[11] und der Giudecca, schwamm eine Musikbarke, deren
Töne stark gedämpft noch hörbar waren. Diese Geigen- und
Gitarrenklänge und das weiche Mondlicht schienen lebendiger und wesenhafter zu sein als die stillen, hohen Paläste
des Kanals, die schweigend, bleich und mondbeglänzt in der
warmen Nacht lagen und deren feste Giebelkonturen in den
schwerblauen Himmel zerflossen. An einem dieser Paläste
waren drei Fenster erleuchtet, aus denen der Gesang einer
schönen Frauenstimme drang. Ich ließ die Gondel halten

11 Riva delle Zattere, ehemals Anlegeplätze der Flößer, heute Uferkai mit
Blick auf den Giudecca-Kanal.

16

und gab mich eine Weile dem Genuß dieses Gesanges hin, der sich mit Nacht und Mondlicht zu verschwistern und eigens dieser weichen, schönen Stunde anzugehören schien. Dann fuhr ich zur Piazzetta zurück und gab als nächstes Ziel San Giovanni e Paolo an.[12] Die Gondel glitt durch stille, schlafende Kanäle, unter der Seufzerbrücke[13] hindurch; die Rufe des Gondoliere, durch die an den Kanalbiegungen etwa entgegenkommende Gondeln zum Ausweichen aufgefordert werden, diese dem Fremden schwer verständlichen, halb gesungenen Rufe verklangen in die Totenstille der nächtlichen Gassen und Kanäle. Bei San Giovanni e Paolo stieg ich für einige Minuten ans Ufer. Die kleine Piazza war mondhell, die schöne Fassade der Scuola di San Marco[14] glänzte auffallend hervor, das wundervolle Reiterstandbild des Colleoni[15] stand ernst und wuchtig gegen den Himmel. Das gewaltige Denkmal des fünfzehnten Jahrhunderts steht mit seiner trotzigen Schönheit im wunderbaren Kontrast zum übrigen Venedig, dessen Schönheit durchaus weich und musikalisch ist, und dieser Kontrast fiel mir heute ganz besonders auf.

Von allen Städten, die ich in Italien besuchte, ist mit Ausnahme Ravennas Venedig diejenige, die am meisten zu traurigen Gedanken über den Untergang eines großen Ehemals reizt, dennoch ist sie reicher als jede andere an Schönheiten, die ihr durch die Jahrhunderte unverändert geblieben sind. Geblieben ist ihr der Zauber eines durchaus abgesonderten,

---

12 Die Grabeskirche der Dogen im Stadtteil Castello, der größte und bedeutendste Sakralbau der venezianischen Gotik aus dem Jahr 1430.

13 Diese dekorative, elf Meter lange weiße Kalksteinbrücke (1600/03) verbindet den Dogenpalast mit dem ehemaligen Gefängnis.

14 Scuola Grande di San Marco (1488-95), direkt neben Santi Giovanni e Paolo gelegen, ist eines der sechs großen Laien-Bruderschaftshäuser Venedigs.

15 Bronzenes Reiterstandbild (1493) des Söldnerführers Bartolomeo Colleoni (ca. 1400-75) von Andrea del Verrocchio (1435-88) und Alessandro Leopardi (ca. 1466-1523) auf dem Vorplatz der Kirche.

eigentümlichen Lebens, der Glanz der Lagune, die Schönheit seiner Frauen und die ganze verlockende Poesie der Gondel. Auch fand ich nirgends sonst eine solche Einheit des heutigen Lebens mit dem Leben, das aus den Kunstwerken der goldenen Zeit Venedigs redet und in welchem Sonne und Meer wesentlicher sind als alle Historie.

(1901)

DIE LAGUNE

Niemals hat die Lagune von Venedig sich meinem Auge so glücklich entschleiert wie an einem Vormittag im Mai, den ich fast ausschließlich ihrer Betrachtung widmete. Ich kenne nichts Beglückenderes als die Stunden, in welchen ein merkwürdiges Stück Natur oder Kunst sich dem Auge zum erstenmal so klar und durchsichtig darbietet, daß die aufmerksame Betrachtung dem schaffenden Geist der Schönheit unmittelbar auf frischer Spur zu folgen vermag. Landschaften, Wolken, Bilder, an denen wir oft mit unbewußter Freude vorübergingen, enthüllen in solchen Augenblicken plötzlich und überraschend den in ihnen wirksamen Schöpfergedanken. Dann ist es dem geübten und fleißigen Beschauer vergönnt, im glücklichen Belauschen und Verstehen an dieser Schöpfung so teilzunehmen, daß er dem schönen Objekt gegenüber selbst das Gefühl des Erschaffenden hat. Es ist genau dasselbe Glücksgefühl, das ein Buch, eine Musik in der Stunde des vollkommenen Verstehens gewährt; dann ist das Kunstwerk dein Eigentum und du selbst bist der Dichter.

Die Kirchentüre von San Sebastiano[1] schloß sich hinter mir, und ich trat ins Freie. Dort war mir plötzlich Paolo Veronese verständlich und lieb geworden, dessen Werke noch mehr als die andern Venezianer der heimischen Luft und Umgebung bedürfen, um völlig genossen zu werden. Dieser Genuß, den mir die Säle des Palazzo Ducale nur erst teilweise erschlossen hatten, war mir nun in ganzer Fülle in San Sebastiano zuteil

---

1 Renaissancekirche aus Ziegeln (1505-46) im Stadtteil Dorsoduro, die zahlreiche, zwischen 1555 und 1570 entstandene Meisterwerke Paolo Veroneses (1528-88) enthält.

San Sebastiano

geworden, wo um das Grab des Malers her eine Anzahl seiner
üppig farbigen Werke von Wänden und Decke glänzt.

Von der Lagune kommend, das Haar noch feucht vom Was-
serduft, muß man diese Werke besuchen, während vor der Tür
die Gondel wartet; dann erscheinen sie wie sorglos schöne, weiche Träume, reich und rechenschaftslos aus der schlummernden Fülle der Lagunenstadt aufgestiegen, dann reden sie ihre
echte Sprache, die Sprache der unbekümmerten Lebensfülle,
der Schönheit und des Genusses. Ganz Venedig spiegelt sich in

ihnen, die Welt der flüssigen Konturen, der träumerischen, vom Wellenschlag begleiteten Musik, die Welt des süßesten Schmelzes, der im mattblaumem Gewässer sich spiegelnden Abendröten, der Welt, welche, vor den Stürmen des Landes durch ihren Wassergürtel und vor den Stürmen des Meeres durch den Gürtel ihrer Inseln gesichert, sich im Genuß einer reichen Gegenwart wiegt. Man begreift die mageren melancholischen Engel der früheren Toskaner und alle Bilder der großen Meister, in denen Armut, Kampf des Lebens, rauhe Natur, Tod und Leid geschildert sind, nicht mehr, solange man unter dem einseitigen Eindruck dieser üppigen und glänzenden Kunst steht.

Von San Sebastiano aus erreicht die Gondel in wenigen Minuten die Lagune, welche dort Canale della Giudecca heißt. Die Giudecca liegt gegenüber. Über ihre lange Häuserreihe ragen die Kirchen Eufemia[2] und Redentore auf, rechts führt an der Sacca San Biagio[3] vorbei die Dampferlinie nach Fusina[4], links schließt San Giorgio die Aussicht. Ich befahl dem Gondoliere, langsam dem Ufer entlang nach rechts zu fahren. Es war ein kristallheller, durchsichtiger Sonnenmorgen, ganz dünne, schneeweiße Flaumwölkchen standen in einzelnen langen Streifen am hellblauen Himmel, dessen Farbe bis an den Horizont herab noch dunstlos rein war. Das Wasser, von einem leichten Windhauch kaum sichtbar bewegt, war auf lichtgrünem Grunde von wunderbaren Farbenspielen überflogen, die meine ganze Aufmerksamkeit fesselten. »Langsam! Noch langsamer!« rief ich wiederholt dem Ruderer zu, bei Santo Spirito[5] endlich ließ ich ihn haltmachen und winkte

---

2 Chiesa di Sant'Eufemia, eine der ältesten Kirchen Venedigs.
3 Eine künstliche Insel westlich von der Giudecca.
4 Stadtteil beim heutigen Flughafen.
5 Chiesa dello Spirito Santo (Anfang des 16. Jahrhunderts) am Canale della Giudecca.

ihm nur noch jeweils, die Gondel nach rechts oder links zu wenden, je nachdem ein auffallender Reflex mich anzog.

Das Wasser der Lagune, dessen Grundfarbe ein der Rheinfärbung ähnliches Hellgrün ist, hat durchaus die Lichtqualitäten matter Edelsteine, namentlich des Opals. Die Spiegelung ist sehr unscharf, starke Lichter dagegen erwecken auf der scheinbar stumpfen Oberfläche wahrhaft überraschende Reflexe. Man ist erstaunt, diese milchig matte Fläche so enorm lichtempfindlich zu finden. Die Sonne verlieh ihr einen gleichmäßigen matten Glanz, der aber an Stellen, die von Schiffen oder Ruderschlägen erregt wurden, in blendenden, goldenen Feuern aufloderte. Aber auch die unbewegte, fast spiegelebene Lagune war unaufhörlich farbig belebt, und zwar ganz anders als das offene Meer, indem auch die lebhaftesten Farben nie die transparente Klarheit des Meerwassers annahmen, sondern alle wie durch einen gemeinsamen milchweißen Grund gedämpft und ins Zartere, Differenziertere, Flüchtigere getönt waren.

Venedig wäre nicht Venedig, wenn es im freien Meere läge; an jenem Morgen empfand ich den enormen Unterschied von Meer und Lagune. Die leuchtend frischen, jubelnden Farben des bewegten Meeres würden Venedig seinen eigensten Schmuck rauben: das Verschleierte, Traumhafte, verborgen Schillernde der Farben. Es ist kein Zufall, daß so viele Venezianer, namentlich der brillante Crivelli[6] und später Paris Bordone[7], in ihren Gemälden mit besonderer Liebe und mit vollendetem Raffinement den verfeinerten koloristischen

---

6 Carlo Crivelli (um 1430-1500), italienischer Maler der Renaissance.
7 Venezianischer Maler der Renaissance (1500-71). Über Paris Bordones »Venezianisches Liebespaar« (1525/30), das er in der Pinacoteca di Brera in Mailand betrachtete, schreibt Hesse am 18.5.1901: »Mich entzückte besonders P. Bordones Liebesbild, das den ganzen weichen Zauber der venezianischen Kunst hat.«

San Giorgio Maggiore, zwischen 1900 und 1910

Reizen der Edelsteine, des Atlas, des Sammet und der Seide
nachgingen – sie hatten auf der Lagune stündlich dieselben
Farbenreize eines aparten Materials vor Augen.

Am häufigsten fiel mir das durch jeden Licht- und Bewe-
gungseinfluß leicht hervorgerufene Spiel der Irisskala auf,
das wie ein Hauch zart und scheu über jede kleinste Wogen-
höhung hin erschauert. Ich belauschte den flüchtig schönen
Hauch unzählige Male. Dann ward mir durch das langsame
Vorbeifahren eines großen, frisch mit Zinnober gestrichenen
Lastschiffes ein ganz köstlicher Genuß. Das durchdringende
Rot drängte sich dem sonst schlecht spiegelnden Wasser fast
gewaltsam auf und glänzte unvermischt und unverändert aus

den Wellen zurück, in der Harmonie grünlichblauer, unsicherer Perlfarben der einzige feste, grelle Ton.

Die Lagune als Ganzes aber hat noch ein wichtiges Farbenmoment, das sich von meinem niederen Augenpunkt aus nicht beobachten ließ. Das sind die sumpfigen Stellen und Schlammbänke, auch bei hohem Wasserstand kenntlich durch die sie umgebenden hohen Pfosten, deren Linie den Schiffen die fahrbare Bahn bezeichnet. Schon vom Schiff aus fällt ihre vom tiefen Wasser abweichende Färbung auf, am besten beobachtet man sie, wie überhaupt die Lagune im ganzen, vom Kampanile von San Giorgio Maggiore aus. Bei trübem Wetter erscheinen sie meist rostbraun, auch schmutzig graugrün, bei Sonne aber liegen sie als schimmernd farbige Inseln in der einheitlich grünen Lagune. Sonne und Wolken verändern ihre farbige Erscheinung sehr rasch, daher ist es ein eigenartiger Genuß, sie bei klarem Himmel aus der Höhe jenes Kampanile zu betrachten. Von dort aus sah ich sie in mattem Braunrot, in kräftigem Karmin, die entfernteren in blauen Tönen bis zum sattesten Violett.

Ich stand einmal in einer glänzenden Mittagsstunde dort oben, die helle Stadt mit ihren drei grünen Baumgärten lag schweigend in der heißen Sonne, die Lagune, von bunten Segeln bevölkert, schimmerte matt, die Schlammbänke brannten in unbeständigen, kräftigen Farben. Mehr als alle Kunstgenüsse lag diese leuchtende Stunde und jene vormittägliche Lagunenfahrt mir im Sinn, als ich am Ende meiner Reisezeit schweren Herzens von Venedig und Italien Abschied nahm.

(1901)

LAGUNENSTUDIEN[1]

Oft mußte ich mich besinnen, ob es wohl unter denen, die Venedig nie gesehen haben, ernsthafte Verehrer der venezianischen Kunst geben könnte. Ich selbst war, bei aller Hochachtung, immer nur ein kühler Bewunderer gewesen. Ich hatte in Mailand und Florenz die prachtvollen venezianischen Bilder, namentlich die Tiziane der Uffizien, fleißig und pflichtgetreu betrachtet und hatte, mit Ausnahme der Porträts, vor keinem einzigen jenes süße, tiefe Gefühl der vollkommenen Bewunderung, das nur aus einem völligen Verstandenhaben erwächst. So empfand ich den bräunlich leuchtenden Ton und das märchenhafte Tiefblau der Hintergründe z. B. als etwas fremdartig Poetisches, dessen Herkunft weniger in der Natur als in der Verzückung des farbenbegeisterten Malers zu suchen sei. Und die reife, satte Schönheit Tizians schien mir, namentlich bei den Bildern der »Tribuna«[2], seelenlos und fast gemein neben der zarten, durchgeistigten Kunst der Toskaner.

Der Zufall fügte es, daß ich nach meiner Ankunft in Vene-

1 Von 1902 bis 1911 veröffentlichte Hesse in mehreren Tageszeitungen diese revidierten und (auch in den Datierungen) geringfügig stilisierten Passagen aus seinem Reisetagebuch von 1901. Siehe S. 59. Der früheste bisher nachweisbare Abdruck erschien u. d. T. »Malerisches von den venetianischen Lagunen« in den »Münchner Neuesten Nachrichten« vom 20.2.1902. Diesem und dem letzten Zeitungsabdruck von 1911 stellte Hesse kurze Einführungstexte voran. Beide Einleitungen sollen nachfolgend gleichfalls überliefert werden.

2 Die Tribuna ist ein oktogonaler Raum in den Uffizien in Florenz, wo u. a. auch Tizians »Venus von Urbino« (1538) zu sehen ist. Im Tagebuch seiner Italienreise notierte Hesse am 2.4.1901: »In der Tribuna wird alles, auch Tizian, durch Raffaels Stieglitzmadonna verdunkelt – das Bild wiegt alles auf, was ich je sah, und lohnt allein die Reise; daneben sehen die hiesigen Tizianfrauenköpfe fast gemein aus.«

dig mehrere Tage lang keine einzige Bildersammlung besuchte. Ich wollte die Augen ruhen lassen und war auch von Bologna her der Sammlungen zweiten Ranges müde, denn auf Florenz hin wirkt die Bologneser Pinakothek wie eine verdorbene Speise. Jene Tage nun verbummelte ich in den Gassen von Venedig, in den Kanälen, auf den Plätzen, auf der Lagune und ihren Inseln. Ich suchte Burano[3], Torcello[4], Lido, Chioggia auf – und auf diesen sonnigen, heißen, müdemachenden Fahrten sog ich unbewußt die seltsame Schönheit der Lagune ein, den Duft des Wassers, den Reflex des Lichtes im Meer und die merkwürdig schillernde Farbigkeit des Lagunenspiegels. Und als ich nun endlich die Akademie und den Dogenpalast besuchte, war die venezianische Malerei mir plötzlich seltsam wohlbekannt und lieb geworden. Ich verstand plötzlich nicht nur das goldene Braun, die üppigen Lichtspiele und Farbenkombinationen, sondern auch die scheinbar seelenlose Gegenständlichkeit dieser schönen Menschen und Landschaften – ich selbst hatte nun so zu sehen gelernt. Und nun erschloß sich mir von Tag zu Tag das Geheimnis dieser fremden Schönheit tiefer und völliger, ich liebte nun Venedig und lernte es kennen von der phantastisch malerischen Architektur seiner Paläste bis zum Leben der Gondoliere und Fischer und dem weichen Dialekt der Inseln. Allerdings lebte ich nicht wie ein Fremder, sondern aß, trank und bewegte mich nach den Sitten des Ortes, saß des Nachts auf den Treppenstufen der Piazzetta und lag des Tags in den Barken der Austernfischer und lebte von Fischen und Früchten. Freilich, wie hätte ich sonst auch mit dem schmalen Restchen meines Reisegeldes wochenlang in dem teuren Venedig leben können?

Ach, ich besitze aus jener Zeit einen Schatz von tiefen, inti-

3 Insel der Spitzenstickerinnen in der Lagune.
4 Insel im Norden der Lagune.

26

Fischerboote aus Chioggia in der Lagune, um 1900

men Erinnerungen – an das langsame Eindringen in die seltsam prachtvolle, reiche Kultur Venedigs, an Kinderszenen aus den Inseldörfern, an Gespräche mit Menschen jeder Art, an die Mädchen der Riva[5] und an Fahrten kreuz und quer durch Meer und Lagune, Fahrten am heißen Mittag und in der bläulich leuchtenden Nacht, unter verstürmten Wolken und unter klar gestirnten Himmeln! Doch von alledem ein andermal! Ich will heute nichts weiter geben als einen wörtlichen Auszug der Stellen meines Notizbuches, die sich auf die malerischen

5 Riva degli Schiavoni, Kai zwischen der Piazza San Marco und den Giardini pubblici.

Qualitäten der Lagune beziehen. Diese Notizen haben nichts mit Geschmack und Ansichten zu tun, sondern sind lediglich eine Sammlung von schlichten Beobachtungen, die vielleicht einem Naturfreunde von Interesse sein werden.

Indem ich mein venezianisches Tagebuch den Lesern übergebe, möchte ich gerne einen Gruß und ein Wort der Verständigung mitgeben.

Mein Büchlein ist keine Reisebeschreibung, auch kein Gedicht. Es will nichts als die Stimmungen eines Wanderers und Einsamen in wahre Worte fassen, ein Stück Leben und Seele schenken und ein Gruß an meine unbekannten heimatlosen Brüder sein.

Dennoch glaube ich, daß die Freunde der schönen stillen Wasserstadt durch meine Worte oft den Laut der Gondelruderer und den leisen Rhythmus der Wellen hindurchhören werden, die an die Treppen der Piazzetta, an die Treppen von San Giorgio Maggiore, der Salute und an die müden Gondelpfeiler der Paläste des großen Kanals schlagen. Und ich wünsche, es möchte in meinen Worten etwas von dem Hauch der wunderbaren Stadt und ihrer farbig reifen Kultur geblieben sein. Ich wünsche mir einen Leser, den mein Buch auf heißen nachmittägigen Lagunenfahrten und auf morgendlichen Strandgängen am Lido begleiten darf.

Es sind jetzt zehn Jahre her, seit ich das erstemal in Venedig war. Es war meine erste italienische Reise, auf die ich mich lange gefreut und auf die ich lange gespart hatte. Zuerst war ich über Mailand nach Florenz gefahren, hatte ein paar Wochen in der Toskana zugebracht, Bologna und Ravenna besucht und war nun nach einem kurzen Aufenthalt in Padua nach Venedig gekommen.

Damals führte ich auf allen Reisen kleine Notizbücher bei mir, in die ich fast jeden Abend Einträge zu machen pflegte und in denen ich mir einen Nachglanz solcher Reisezeiten in die Heimat mitzunehmen hoffte. Die beiden kleinen wachstuchenen Notizbüchlein jener ersten Venedigreise halte ich nun in Händen, da ich eben wieder auf einer Italienfahrt begriffen bin, und erinnere mich mit wunderlichen Gefühlen jener Zeit und jener Reisen. Wie schmal ging es da zu, wie abhängig war ich vom Soldo[6], wie ängstlich rechnete ich den Rest meiner italienischen Tage mir oft am Rest meiner kleinen Barschaft vor! Aber es ging doch immer noch eine Woche, und je sparsamer ich lebte, desto vergnügter war ich eigentlich, da ich dabei Venedig weit besser kennenlernte als die wohlsituierten Gondelfahrer.

Beinahe noch mehr als die rätselhafte Stadt reizte und beschäftigte mich damals die Lagune, das geheimnisvolle, stille Wasser, auf dem die Stadt und die Inseln schwimmen, und in meinen Heften finde ich darüber ein paar Seiten mit Beobachtungen, die mich lebhaft an die Entdeckungslust jener Reise und an die täglich neue Erlebensgier und Empfänglichkeit jener Jugendjahre mahnen.

(1902/11)

---

6 Bezeichnung für die 5-Centesimi-Münze (20 Centesimi = 1 Lira).

Das Manuskript von »Lagunenzauber«

LAGUNENZAUBER

Meine Gondel glitt langsam und lautlos durch einen schmalen Kanal in der Nähe von San Giovanni e Paolo. Über den hohen, einander entgegengeneigten Giebeln leuchtete der heiße hellblaue Mittagshimmel, dennoch fiel nur da und dort ein schmaler, zitternder Streif Sonne auf das matt dunkelgrüne Wasser des engen Kanals. Verblichene Fassaden namenloser Paläste blickten stumm und ernst zu beiden Seiten, ein graues Madonnenrelief in gotischem Tabernakel unterbrach die Fläche einer langen Hofmauer, kein Schritt, kein Laut unterbrach das Schweigen. Das ist die Stunde, in der sich Venedig mit märchenhaft schweigsamen Glanzträumen schmückt, stiller, tiefer und geheimnisvoller noch als in der mondbeglänzten Mitternacht. Das ist die Stunde, wo die Kanäle tot und ernst sich um die hohen und ernsten Paläste schlingen, wo die Sonne auf den verlassenen marmornen Brunnenmündungen und Kirchentreppen schneeweiß brennt, wo die weite Lagune in flüchtig brennenden Farbenspielen zittert und die braunen Schlammbänke sich mit Purpur, Blau und Violett überziehen.

(1901)

VENEZIANISCHES NOTIZBÜCHLEIN

17. April [1901] – Seit einigen Wochen hatte das Heimweh nach Venedig mich geplagt. Sooft ich an Venedig dachte, war es wie ein mildes, warmes Lied, wie die Verheißung einer Liebesnacht, wie ein tiefer Klang voll schwelgerischer Schönheit und leiser, zart genossener Melancholie. Ich schloß dann die Augen und sah schwebend wie helle Schatten die Fassaden des großen Kanals, die stillen, schlanken Frauen mit schwarzen Schultertüchern und schwarzen Haarknoten, die nächtlichen Plätze und Promenaden und die mondversilberte Giebelkette von San Giorgio und der Guidecca.[1]

Durch mein schmales Fenster dringt der Duft des Wassers und feuchter Steine. Ich kann von hier aus von der Stadt nichts sehen als ein Stück Kanal, zwanzig Fuß lang und sieben Fuß breit, hohe Häusermauern mit toten, unregelmäßig verteilten Fenstern, darüber zwei Schornsteine und einen schmalen, süßen Streifen Himmelsbläue.

Ich liege am Fenster und atme voll und tief, höre das leise Gleiten einer unsichtbaren Frachtbarke und das leise Plaudern von zwei unsichtbaren Ruderern und sehe den schmalen, lichten Himmel über den harten Umrissen der flachen Dächer glänzen. Auf diese Stunde habe ich wochenlang gewartet, auf diese Stille zwischen Stein und Wasser, auf diese milde, satte Luft, auf dies leise schüchterne Heimatgefühl der Weltferne und des Ausruhens. Das ist Venedig!

Der schmale Kanal und diese schweigenden Häuser sind mir wohlbekannt; nicht weit von hier war das letztemal meine Woh-

---

1 Vorgelagerte Inseln.

Hesses Wohnung in der Fondamenta della Fenice 2551

nung. Mit dreißig Schritten erreiche ich Santa Maria Zobenigo[2] und von dort ist alles nahe, was die Piazza und der große Kanal Ehrwürdiges und Schönes hat. Täglich viele Male werde ich nun über die kleine, weiße Brücke und durch die enge, dämmernde Winkelgasse schreiten und jedesmal an jeder Ecke fröhlich zaudern, an der ein einziger Schritt mich noch vom großen Venedig trennt. Und ich werde immer wieder aus dem großen, glänzenden Venedig in diese dunkle Gasse und in die schweigenden Höfe und Hinterhäuser von Fenice[3] zurückkehren, wohin

2 Kirche mit prachtvoller Barockfassade sowie Gemälden u. a. von Tintoretto, Rubens und Palma dem Jüngeren.
3 Hesse wohnte damals in der Fondamenta della Fenice 2551.

das Geschrei der Märkte und das Rotwelsch der Fremden nicht mehr reicht.

20. April – Nun bin ich hier wieder ganz zu Hause. Gestern besuchte ich Murano, Lido[4] und die östlichen Stadtteile und heute bin ich zum erstenmal wieder ganz bei der Lagune zu Gast. Den Vormittag verbrachte ich mit Schiffsleuten in Malamocco[5], jetzt liege ich in der Nähe von Murano in der Barke eines Austernfischers.

Über die Blätter meines Notizbüchleins leuchtet die reine Sonne. Rechts von uns sieht die kahle Mauer der Gräberinsel[6] aus dem blaßgrünen Wasser, links glüht eine schmale Schlammbank in rotbraunem Schimmern. Warm und köstlich liegt die Sonne des Nachmittags auf dem Wasser, auf meinen Händen und auf meinem nackten Rücken, der noch weiß und bleich vom deutschen Winter ist. Mein Freund aus Murano, der Fischer, steht mitten in der Schlammbank, bis an die Knie eingesunken. Ein seltsamer und gespenstischer Anblick, ein Mann inmitten der weiten Lagune watend, wenige Schritte von der Kurslinie der Dampfschiffe entfernt. Zuweilen kommt er herüber oder ruft mir zu, ihm nachzurudern, und wirft ein paar Hände voll kleiner Beute in die Barke, auf deren nassem Boden die fidelen Krabben und Taschenkrebse herumhasten. Manchmal, wenn die Sonne mir so warm und mächtig über den Rücken glüht, erfaßt mich plötzlich eine Lust, laut hinauszujubeln, zu lachen, zu singen. Gott sei Dank, endlich wieder Luft, Freiheit, Sonne und weiter Horizont! [Was mich vor wenigen Tagen noch drückte und beschäftigte, Armut, Heimatlosigkeit, deutsche Philosophie,

---

4 Die Glasbläser-Insel Murano (vgl. den ersten Teil von Hesses Gedicht »Venezianische Gondelgespräche«, S. 147) und die Bäderinsel Lido in der Lagune vor dem Adriatischen Meer.
5 Vgl. Hesses Gedicht »Meermittag«, S. 130.
6 Auf der zwischen Venedig und Murano gelegenen Laguneninsel San Michele befindet sich der Friedhof von Venedig.

Pariser Kunst, Gedanken, Sorgen, Bücher, Schulden, Kränklichkeit, Heimweh – das liegt alles jenseits der weißen, frierenden Alpen.][7] Ich fühle wieder mit allen Sinnen, daß ich noch jung bin und Kräfte habe, die schöne Welt zu genießen und liebzuhaben. [Der raffinierte Zauber der Lagunenluft und der geheime, tiefe Hintergrund einer einzigartigen Geschichte und einer aparten, reifen, süßen Kultur macht mir diesen schmalen Inselwinkel lieber als alle südlichen Golfe und Meere zusammen. Ein Hauch von diesem Zauber hat mich im trübsten Norden jedesmal gestreift, wenn der Name Venedigs oder irgendeine venezianische Erinnerung mich lebendig berührte.]

Langsam dreht sich meine Barke um die Ränder der Schlammbank, deren dichte, braune Wasserpflanzen sich wirr verästeln und verstricken und den Blick in die schwärzlich dämmernde Tiefe ziehen. Meine Gedanken gehen, ohne daß ich es will, nach Deutschland zurück, sehen verlassene Städte und Menschen geisterhaft und blaß in weiter Ferne stehen und wundern sich, wie wenig Schmerz die schnelle Trennung weckte. Sie sehen auch die schöne, blonde [ernsthafte] Frau, um die ich so lange litt[8], und die guten Freunde [, von denen ich Geld geliehen haben

---

7   Hier und im Folgenden sind in eckige Klammern gesetzte später gestrichene Passagen aus der ersten Fassung dieses Notizbuches.

8   Hesse begegnete im Januar 1900 in Basel der ein Jahr älteren Pianistin Elisabeth La Roche (1876-1965) bei einer Aufführung von Beethovens »Kreutzersonate«. Sie, die nichts von der Zuwendung des scheuen Dichters bemerkt zu haben scheint – wie sie Jahrzehnte später berichtete –, verschwand schon bald aus seinem Gesichtskreis. Hesses Neigung zu ihr verdanken wir einen beträchtlichen Teil seines Frühwerkes: Passagen des »Hermann Lauscher« (1901), den zu seinen Lebzeiten unveröffentlichten kleinen Roman »Der Dichter – ein Buch der Sehnsucht« wie auch den Zyklus seiner nicht abgesandten »Briefe an Elisabeth« vom Herbst 1901 sowie Passagen im »Peter Camenzind« (1903). Und selbst noch, als Hesse längst verheiratet war, kreisen alle drei Fassungen des 1909 veröffentlichten Musikerromans »Gertrud« um die Gestalt der Elisabeth und die lange nicht verwundene Trauer über die Unerreichbarkeit dieser Frau.

wollte,] und den ganzen heimischen Kreis von Arbeit, Sehnsucht und Sorge. Und der Schattenkreis verwirrt sich mit den braunen Schlingpflanzen und strebt dunkel und lautlos in die schwärzlich dämmernde Tiefe.

»Links! Noch mehr links! Hierher!« ruft der Fischer herüber. Mit dem Geräusch des schweren Ruders und dem jähen Geleucht des aufgewühlten Wassers rinnen Schatten und Gedanken in die große Flut von Sonne, Seeduft, Gegenwart und Vergessenheit hinüber, auf der ich mit fröhlichem Erstaunen einen hellen Kranz von unbekannten, neuen und glänzenden Tagen entgegentreibe.

Und nun rudern wir nach Murano zurück, ich bewirte den Fischer mit Kaffee und begleite ihn zu seiner Wohnung. Sie liegt bei Sankt Peter[9], nahe dem ältesten Hause von Murano. Mein Freund machte mich darauf aufmerksam, daß es »sehr alt« sei, und erstaunte ungläubig, als ich ihm sagte, es sei tausendjährig und viel älter als alle Paläste von Venedig. Zum Abschied versprach er, mich nächstens mit seinem Freunde Pietro bekannt zu machen, der als Glasbläser bei Testolini arbeitet und in seiner Jugend Wien und Dresden gesehen hat. Bei seiner Erzählung empfand ich eine Art von Ehrfurcht für diesen Pietro, welcher – vielleicht unbewußt – Erbe von uralten Traditionen ist und einer seit Jahrhunderten weltberühmten Zunft angehört.

Dann die Rückfahrt im Omnibusdampfer nach Venedig. Die Stadt lag blaß wie eine Silhouette aus transparentem Stoff gegen den gelbroten Abendhimmel. Murano verschwand leise in der kühlen Dämmerung, und der Anblick beschwor in mir das sehnliche Gedächtnis jener Glanzzeit, da die Rosengärten dieser Insel alle frohen Geister der üppigen Stadt be-

9 Chiesa di San Pietro martire aus dem 14. Jahrhundert.

herbergten und da der geistreiche Bembo[10], der gütige Trifone Gabriele[11], der bissig-witzige Aretino[12] sich hier im Schatten von Zedern und Lorbeerbäumen unterhielten, von denen kein einziger übriggeblieben ist. Ich sah den Aretino vor mir, wie Tizian ihn gemalt hat, rüstig, bärtig, hochmütig und rätselhaft[13], und hinter ihm die blanke Seefläche und den unbegrenzten Horizont mit der golden dämmernden Lagunenluft [, deren Zauber heute kein Maler mehr versteht]. Es gibt über jene Gärten von Murano ein lateinisches Gedicht aus damaliger Zeit, dessen Verfasser ich vergessen habe. Farbiger und schöner müßte das Gedicht eines Heutigen über diese Gärten sein, denn alles Gewesene, unwiederbringlich Untergegangene glänzt goldener in den Versen der Dichter als die herrlichste Gegenwart. Wieviel lateinische Hexameter und griechische Oden, wieviel flotte, galante Novellen in der Sprache des Boccaccio und kecke, glatte Fazetien[14] im venezianischen Dialekt haben jene Zedern und Lorbeeren gehört! Auch Edeldamen aus den gotischen Palästen des Canal Grande haben jenen [geistreichen] Unterhaltungen beigewohnt, oder schöne und begünstigte Buhlerinnen und Musikantinnen wie jene zarte, träumerische Blonde, die auf Bonifazios Bilde[15] sich so duftig und [versonnen] über die elegant geformte Laute bückt.

---

10 Pietro Bembo (1470-1547), in Venedig gebürtiger Dichter und Humanist.

11 Trifone Gabriele (1470-1549), venezianischer Schriftsteller und Gelehrter, bekannt durch seine Kommentare zu Petrarcas Schriften und zu Dantes »Göttlicher Komödie«.

12 Pietro Aretino (1492-1556), satirischer Schriftsteller lebendiger Sittengemälde, der die letzten 30 Jahre seines Lebens in Venedig verbrachte; vgl. Hesses Gedicht »Der Aretiner«, S. 125.

13 Hesse hatte am 8.4.1901 im Palazzo Pitti in Florenz Tizians »großartiges Porträt« von Arentino (um 1545) gesehen.

14 Witzige Kurzgeschichten erotischen bzw. satirischen Inhalts.

15 Bonifacio Veronese (1487-1553), »Lazarus beim Gastmahl des reichen Prassers« (1545) in der Accademia; vgl. Hesses Gedicht »Bonifazios Bild«, S. 139.

Ihre Kostüme glänzten von heimischer Seide, von Filigran und Brokatstoffen aus Byzanz, und auf den polierten Tischen schimmerte gelber griechischer Wein in schlanken, geschliffenen Karaffen.

22. April – Ich hörte manchmal sagen, jene berühmten, schönen Damen der Renaissance hätten sich selten die Hände gewaschen. Zwar gibt es Nachrichten, die wenigstens für Venedig das Gegenteil zu beweisen scheinen; dennoch lasse ich die Historiker gern recht haben. Denn die schönen Frauen und

Riva degli Schiavoni, im Hintergrund links die Santa Maria della Salute, um 1900

Mädchen des heutigen Venedig haben ja auch niemals gewaschene Hände und sind doch hübsch genug. Ich betrachtete sie heute wieder, wie sie über die Riva promenierten mit ihrem weichen, lässig koketten Feierabendschritt, den man in keiner anderen Stadt so wiedersieht.[16] Von den Ärmeren tragen manche grüne Röcke und rote Blusen – Moosgrün und Kirschrot – eine kräftig schöne Kombination, die [mir schon auf manchen Bildern der besten Zeit, namentlich bei Palma Vecchio[17], auffiel].

Unterwegs kaufte ich mir für 10 Soldi Brot, Käse und Orangen, um zu Hause zu essen. Dort lag ich dann den ganzen Abend im Fenster, über dem schweigenden, schwarzen Wasser, bis vom schmalen, bläulichschwarzen Himmelsstreifen zwischen den hohen Dächern Sterne wie goldene Tropfen hervorquollen. Und sonderbar, beim Anblick dieser Sterne überkam mich das alte Leid, daß ich an den Blumengarten meines Vaters denken mußte, an Heimat und Kindheit und an meine Mutter. Ich träumte lange von ihr und vom Garten mit den sommerlichen bunten Beeten und Rabatten und wurde erst vom Ruf eines späten Gondoliere erweckt, dessen Fahrzeug den stillen, nächtlichen Kanal mit müdem Plätschern durchschnitt.

24. *April* – Gestern war ein scharfer Abend. Ich sitze gegen sechs Uhr auf den Treppenstufen der Loggetta[18], locke eine vereinsamte Taube und fühle mich merkwürdig lustig gestimmt. Kommt ein junger Herr im Touristenanzug, Operngucker am Riemen, Schirmstock unter dem Arm, Reisebuch in der Hand,

16 Vgl. auch sein Gedicht »Einem Kameraden«, S. 160.
17 Palma Vecchio (1480-1528), venezianischer Maler, Schüler von Giovanni Bellini.
18 Renaissance-Loggia am Fuß des Campanile von San Marco.

und umkreist mich eine Weile mit verdächtigem Seitenblick. Ich hatte die Situation bald begriffen, darum stand ich auf und wollte fortgehen. Da trat er eilig heran und zog den Hut.

»Entschuldigen Sie gütigst –«

[»Cosa?«[19]

»Verzeihen Sie, ich glaubte einen Landsmann in Ihnen zu sehen.«]

»So. Was wünschen Sie denn?«

Und nun die alte Leier! Er kann »nicht gut« Italienisch. Er fragt, ob die Kirche San Giorgio Maggiore noch offen sei. Er hat vom Gondoliere ein paar Francs falsches Geld erhalten. Übrigens heiße er Karl Schneider und wolle, wenn ich erlaube, noch seine Freunde herbeiholen, die drüben im Palasthof warten. Meinetwegen. Nun kommen sie alle drei. Ich erkläre ihnen, es sei längst zu spät für San Giorgio, dagegen esse man nicht weit von hier im Cavalletto[20] vorzüglich zu Abend und wir könnten ja ihre falschen Frankenstücke fröhlich miteinander vertun. Also ins Cavalletto! Wir essen Bohnensuppe und gebratenen Thunfisch und trinken Chianti. Man vermutet, ich sei Kunsthistoriker. Oder Maler?

»Beides ein wenig.«

Um zehn Uhr wird das Wirtshaus geschlossen. Wir nehmen einen Korb voll Weinflaschen in der Gondel mit und zechen, teils im Freien, teils in meiner Bude weiter. Gegen elf Uhr wird das Gespräch tiefsinnig und pathetisch – venezianischer Madonnentypus, Kultur der Renaissance, Nietzsche, Jakob Burckhardt, Ruskin. [Dann Philosophie: Altruismus, Sklavenmoral.]

Die Kerle soffen den Asti wie Bier hinunter, und um Mitternacht mußte ich sie an die Luft setzen. Ich wäre ums Haar

---

19 Ital.: »Was gibt's?«
20 Preiswertes Lokal hinter den Alten Prokuratien; Hesses Stammkneipe in Venedig.

zum Schluß noch grob geworden, so schämte ich mich für die drei germanischen Jünglinge, die bezecht und lärmend durch die schönen nächtlichen Gassen Venedigs nach ihrem Hotel stolperten.

25. April – Ich habe die schnöden [deutschen] Erinnerungen abgeschüttelt [, das heißt kräftig über sie gelacht, und tauche jetzt wieder mit immer neuer Lust in die stille Flut der Schönheit und der Geschichte]. Heute liegt ein zart blaßblauer, streifig gewölkter Himmel von delikatester Stimmung über der Stadt. Da gegen Mittag der hohe Himmel dunstfrei und das Sonnenlicht von klarster Reinheit war, bestieg ich den Turm von San Giorgio Maggiore, um die Lagune zu sehen.

[Ich weiß nicht, weshalb so wenige Menschen das Sehen, namentlich das Farbensehen, in der Natur üben und verstehen. Ich kenne Leute genug, die in Galerien stundenlang vor den Bildern stehen und die Kombination, Abwägung und Nuancierung der Farben eines Gemäldes studieren, und draußen können sie Hell und Dunkel, Blau und Grün kaum unterscheiden. Namentlich in Venedig, wo im eigentümlichen Wesen der Lagune eine so fabelhaft reiche farbenschöpferische Macht liegt, sieht und lernt man nie zu Ende.] Ich fand heute die fernen Schlammbänke von einem sehr tiefen Rotbraun, die westlichen Wasser stahlblau mit rötlichgelbem Anhauch, den Kanal gegen Fusina perlartig schillernd. Auf diesem wunderbaren Stück Wasser kann man raffiniertere und unglaublichere Tönungen, Übergänge und Auflösungen irisierender Farbenflächen studieren als in einer Glasbläserei. Einen Augenblick glaubte ich denn auch der Idee, die eigentümliche venezianische Glaskunst müsse sich teilweise aus dem Einfluß der Lagune herleiten lassen [wie die Malerei]. Es war eine Täuschung, doch mag man immerhin auch hierin ein vornehmes Beispiel der Verklärung des Natürlichen ins Kulturschöne sehen und sich daran freuen, wie die plastisch und zeichnerisch schwach veranlagten Venezianer sich dieser aparten Kunst bemächtigen und wie selten sie dabei das Material mißverstanden oder vergewaltigten.

Dabei fiel ich wieder in Gedanken über das merkwürdig schöne, wunderliche Wesen der Venezianer und ihrer Kultur. Ein starkes, rauhes, doch großenteils edelgeborenes Völkchen, durch dunkle Jahrhunderte wachsend und langsam siegend, bis im dreizehnten Jahrhundert die Dandolo, Viario, Sanuto, Ghisi, Giustiniani, wohlhabende Edle eines mäßigen Staates, zu Eroberern, Fürsten und Mächtigen wurden. Dann das rasche Steigen zur Weltmacht und zur Heimat der klügsten und fruchtbarsten Politik Europas, zugleich die Entfaltung eines reichen, bedürfnisvollen, schließlich luxuriösen und raffinierten Privat- und öffentlichen Lebens. Und dann das langsame Sinken von Unglück zu Unglück bis zur wenig bedeutenden, mäßigen Hafenstadt. Als Resultat der Jahrhunderte nun das heutige Venedig und sein Volk, unbewußte, halbbewußte Träger maßloser Erinnerungen, dem Augenblick ergeben, liebenswürdig, oberflächlich, musikalisch – und doch in diesem machtlosen und wenig stolzen Volk ein verborgener Blitz von Überlegenheit und Hoheit, der zuweilen heraufklingende Zauber einer unvergleichlichen lokalen Tradition.

Im Dialekt und Gebaren dieser Menschen im Vergleich mit denen des Festlandes empfindet man heute noch jenes Charakteristische, das schon die Kunst der Muranesen von der Kunst der Festländer unterschied. Man bewundert und bedauert diese in ewigem Untergang begriffene Eigenart doppelt, da man deutlich fühlt, wie in der Absonderung, in der eigenmächtigen Trennung vom Festland der Kern ihrer Macht und Schönheit lag und wie mit dem Untergang der Selbstherrschaft die Möglichkeit zu neuen Bildungen erstarb. Wie stark diese Möglichkeit noch war, wissen wir freilich nicht, und die Geschichte hat schließlich immer recht. Und die Geschichte Venedigs speziell ist äußerst reich an wirklich typischen Kombinationen der privaten und politischen Schicksale, wie denn überhaupt in dem scharf begrenzten, kaum erweiterungsfähigen, verhältnismäßig engen Sitz dieser Weltmacht die drei wichtigsten Jahrhunderte fast wie eine Weltgeschichte im Extrakt erscheinen und voll von Beispielen des »Folgerichtigen und Wunderbaren« sind. Erst kürzlich plauderte ich mit einem deutschen Historiker über venezianische Familiengeschichte, wobei wir uns besonders jener Giustiniani erinnerten, deren ganzer Stamm vor Byzanz zugrunde gegangen schien, als man noch einen sechzehnjährigen Niccolò Giustiniani auffand. Er war in ein Kloster gesteckt worden und mußte nun auf Befehl des Papstes, der Gelübde entbunden, die Tochter des damaligen Dogen heiraten. Zwei seiner Söhne vermählten sich, der eine mit einer della Scala, der andere mit einer Tochter des Hauses d'Este, und brachten das Geschlecht wieder zu Kraft und Zahl. Dabei war dieser dem Kloster entnommene Niccolò durchaus kein Held, sondern erlangte den Ruhm eines Heiligen, den er im Alter genoß, durch echt klösterliche Eigenschaften und bereute den vom Papst befohlenen Bruch der Gelübde in Sack und Asche wie eine schwere Schuld. Und die milde, liebenswerte, aber schwächliche und unbedeutende Person dieses Niccolò[21] war die einzige, zerbrechliche Brücke

21 Nicolò Giustiniani (?-1240) war seit 1153 Mönch in der Benediktinerabtei San Nicolò del Lido. Nachdem ihn Papst Alexander III. (ca. 1100-81) auf Bitten der venezianischen Nobilhòmini, also der einflussreichen Familien, 1171 von seinem Ordensgelübde entbunden hatte, heiratete er Anna, die Tochter des Dogen Vitale Michiel II. (?-1172). Mit ihr hatte er mehrere Kinder. Nach der Geburt des letzten Sohnes kehrte er 1179 in die Abtei zurück, während seine Frau in das Frauenkloster S. Arian auf Sant'Ariano unweit von Torcello ging.

Die Vorhalle von San Marco

zwischen dem alten Geschlecht und den späteren Giustiniani, deren reiche Familie durch die Jahrhunderte herab bis in unsre Zeiten kam und die Stadt mit vier Palästen geschmückt hat!

26. April – In einer Antiquarbude nah beim Rialto fand und kaufte ich einen Schmöker »Curieuse und vollständige Reisebeschreibung von gantz Italien, Fryburg, 1701«. Der anonyme Verfasser[22] schreibt mit aller Altklugheit und Impertinenz eines damaligen vornehmen Deutschen, dennoch gibt er zum Schluß einer Beschreibung der Piazza zu: »Wenn man dieses alles zusammen betrachtet, giebt es ein schönes Ansehen, und kann vor ein gar herrliches Werck angemerckt werden.« Übrigens unterlag auch er dem verblüffenden, fast verletzenden ersten Eindruck des Campanile[23] und nennt ihn häßlich.

Vor Mittag war ich noch eine Stunde in San Marco. Mit den Mosaiken[24] bin ich nun nahezu versöhnt, da mir immer mehr einleuchtet, wie glücklich es für die Kunst Venedigs war, daß sie die Mosaiktechnik erst in später und korrumpierter Form überkam. Nun wurde zwar noch Kraft und Talent genug an die verlorene Sache vergeudet, aber die stärkeren Talente entzogen sich doch bald der undankbaren Arbeit und dem hemmenden Einfluß. Außer den beiden frühesten Zyklen in der Vorhalle und außer dem Dom in Torcello sind Venedigs Mosaiken minderwertig, ohne Seele und Verständnis für den guten Mosaikstil gemacht, zum Teil auch leichtfertig gearbeitet. Wer in Ravenna den unbeschreiblichen Anblick der älteren Mosaiken genoß, deren großartig schlichte, herbe Spra-

---

22 Der Verfasser ist der deutsche Diplomat Heinrich von Huyssen (1666-1739).

23 Der 1902 eingestürzte Vorläufer des heutigen Campanile, also Glockenturms, von San Marco.

24 Die Mosaiken auf Goldgrund im Innenraum von San Marco entstanden größtenteils im 13. Jahrhundert.

che so deutlich und gewaltig zu Herzen geht, dem ist in San Marco nie recht heimisch zumute. Dagegen ist es anziehend zu verfolgen, wie rasch und folgerichtig der rein malerische venezianische Geist diese Technik vollends auflöste und die morsch gewordenen Schranken des sterbenden Spätstils dann endgültig durchbrach.

28. April – Venedig ist nur halb italienisch. Man muß mit den Fischern der Inseln verkehren und die Mädchen von Cannaregio[25] abends ihre Lieder im Dialekt singen hören, um unwiderruflich von der Eigenart dieses Wesens überzeugt zu werden. Dann empfindet man die Abgeschlossenheit der Inselstadt und fühlt, wie der Schwerpunkt ihrer Entwicklung gegen das Meer, gegen Osten neigte.

30. April – Gestern Abend voll Eichendorff-Melodie. Eine Frühlingsmondnacht, warm und hell. Über der scharfen Silhouette der Giudecca hing still und rein der Mond. Unregelmäßige, mild leuchtende, silberne Lichter umglänzten jeden Ruderschlag. Weit hinten bei der Zattere fuhr ein Festschiff und ließ zuweilen Takte einer flott gestrichenen Geigenmusik herüberflattern. Ich fuhr allein in einer Gondel vom Rialto her, der Große Kanal war still und dunkel, darüber glänzte an der Kuppel der Salute das Mondlicht. Sogar der Gondoliere, der sonst weder sentimental noch gesprächig war, empfand die besondere Schönheit dieses Abends und winkte mir zu: »Che bella serata«![26] Auf der vom Mond beglänzten linken Kanalseite standen blaß und schweigend die Paläste, die gotischen Palazzi Bembo, Dandolo, Cavalli, Falier, Barbaro, Contarini-Fasan, dazwischen die massigen Renaissancebauten Cor-

25 Dicht besiedeltes Arbeiterviertel im Nordwesten der Stadt.
26 Ital.: »Was für ein schöner Abend!«

Der Canal Grande bei Nacht, um 1900

nier dell Cà Grande, Grimani und Manin. Langsam und still entzückt fuhr ich durch die »schönste Straße der Welt«.[27] Namentlich bezauberte mich wieder der Anblick der zierlichen, elegant phantastischen gotischen Fassaden, die mit ihren duftigen, weißen Galerien schlank und blendend aus der dunklen Umgebung vorleuchten.

Plötzlich hörte mein Gondoliere ohne Befehl zu rudern auf und reckte seinen alten klugen Kopf mit dem scharfen Habichtsprofil in die Luft. Eben wollte ich ihm zurufen und ihn

27 Dieses Zitat stammt von dem französischen Diplomaten und Historiker Philippe de Commynes (ca. 1447-1511), der 1494/95 im Dienste Karls VIII. (1470-98) als Diplomat in Venedig weilte.

weitertreiben, da hörte auch ich den Laut, der ihn angezogen hatte. Aus einem matt erleuchteten offenen Fenster des kleinen Palazzo, vor dem wir eben lagen, klang Gitarrenspiel. Es klang probend, spielerisch, präludierend, und in dem Augenblick, da wir Halt machten, verstummte es und statt seiner klang ein Lied in die Nacht zu uns stillen Horchern heraus. Ein altes, schlichtes Lied, dessen Text ich nicht verstehen konnte, von einer tiefen, süßen Frauenstimme gesungen, flutete mit weichem Wohllaut durch die milde Luft und über den dunklen, toten Kanal. Wir hielten uns beide regungslos still und horchten beglückt und hingerissen auf den wundervollen Gesang. Eine fremde Gondel kam leise näher, und dann noch eine, und wartete lauschend das Ende des Liedes ab. Und während im Bann der schönen Frauenstimme die drei schlanken Gondeln auf dem beschatteten Wasser stillestanden, dachte ich an die Sage von dem griechischen Sänger, dessen Liedern die Menschen, Tiere und leblosen Dinge gehorchten und nachfolgten. Und ich freute mich, in diesem Lied, das vielleicht so alt oder älter als mancher von den Palästen war, die ewige Jugend der Kunst und den Sieg der Schönheit zu vernehmen und mitzufeiern ...

3. Mai – Mittags nach 12 Uhr; ich bin auf der Höhe des Turmes von San Giorgio Maggiore. Der Horizont des Meeres ist dunstig unklar, alle Nähen aber in Farbe und Umriß rein und scharf. Zum erstenmal fällt mir die schwache Spiegelung der Lagune auf, die ich vom niederen Ufer aus noch betrachten muß. Ganz nahe, bei San Redentore, liegt ein kleines Schiff, frisch mit Zinnober gestrichen und im lichtesten Sonnenlicht. Dennoch ist das Spiegelbild des Schiffes in der blanken, regungslosen Wasserfläche nur als unfester rötlicher Fleck zu erkennen. Die Farbe ist im Spiegel merkwürdig verblaßt und hat eine köstlich delikate Nuance angenommen. Ich habe den Eindruck, als widerstrebe das Wasser dem sich aufdrängenden farbigen Objekt und sei für sehr lichte Farben, namentlich Weiß, relativ am empfänglichsten.

Seit vorgestern bade ich jeden Nachmittag am Lido. Ich gehe nicht abends, sondern in den heißesten Stunden, da ich mich nachgerade meiner weißen Haut schäme. Sie beginnt nun auch schon lichtbraun zu werden. Am Lido fesselt mich auch jedesmal das Adriatische Meer, der Seehorizont und das Wellenspiel. Es ist ein im Ganzen unwirtliches Meer und seine nordwestliche Küste ist nicht von besonderer Schönheit. Aber jenseits liegen Griechenland und Byzanz, über diesem Wasser spielte die wichtigste Geschichte Venedigs, dessen Name »Herrscherin der Adria« keine Phrase ist, sondern die Schöpferin und Trägerin eines eigenartigen, west-östlichen Geistes gut bezeichnet. Das eigentliche Wunder dieser merkwürdigen kleinen Welt aber ist doch nicht das Meer, sondern die Lagune, diese stille, durch einen langgestreckten Inselkranz vom Meer getrennte See, mit welcher die Stadt Venedig allmählich zu einem organischen Zusammenhang verwuchs, wie ihn keine andre Stadt mit ihrer natürlichen Umgebung hat. Wie muß man das historische Florenz oder Rom sich aus dem modernen Stadtbild mühsam herausschälen! In Venedig waren keine Hügel, Fluren, Gärten zu überbauen, eine unüberwindliche Grenze und Mauer war das ewige Element. Darum gibt es eigentlich ein »modernes Venedig« nicht. Die Stadt, die hier im Wasser liegt, ist noch das alte Venedig, das nicht jünger, sondern älter geworden ist. Hier gibt es keine Straßen mit beleidigend geschmacklosen neuzeitlichen Fassadenreihen. Wo es an Raum fehlte, wurden Stockwerke aufgebaut, aber es fehlte, mit Ausnahme des Ghetto, selten an Raum, und heute weniger als je. So ist das heutige Leben gezwungen, sich in jahrhundertalten Gassen und Häusern, Plätzen, Kirchen, Märkten und Kanälen zu bewegen, das Alte ragt sichtbar ins moderne tägliche Dasein herein und gewährt ihm den blassen, delikaten Schimmer der Tradition und der alten Erinnerungen. Selbst neue, durchaus moderne Hotels, Büros und Geschäftsräume nahmen in den Mauern von Palästen des fünfzehnten und sechzehnten Jahrhunderts Platz. Man ist hier nicht fürs Einreißen und Neubauen, sondern respektiert unbewußt das Alte, dessen Überlegenheit man fühlt.

4. Mai – Es ist im Laufe der Zeiten viel Köstliches verlorengegangen, namentlich an Fresken; dafür nahmen die alten Fassaden, von der Sonne gebleicht und vom Wasserdunst angegriffen, allmählich hellbräunliche Wetterfarben an und scheinen, wo sie unberührt geblieben sind, fast aus dem Wasser gewachsen zu sein, so zart und innig sind ihre Farben zum Wasser und Himmel gestimmt. Dennoch empfindet man den Untergang vieles Schönen zuweilen schmerzlich, und nicht nur am Fondaca dei Tedeschi.[28] Heute zum Beispiel stand ich am Kreuzgang von Santo Stefano und sah mit Trauer das kahle Wändeviereck an, das ehemals mit Fresken von Pordenone[29] bedeckt war. Und so wunderlich ist der Mensch, daß er sich solche gänzlich untergegangene Kunstwerke unwillkürlich ganz besonders schön und reich und farbig vorstellt.

---

28 Fondaco dei Tedeschi (»Warenbörse der Deutschen«); Niederlassung deutscher Händler am Canal Grande neben der Rialtobrücke.
29 Einige dieser Fresken von Giovanni Antonio da Pordenone (1484-1539) mit Szenen aus dem Alten und dem Neuen Testament befinden sich heute in der Galleria Giorgio Franchetti im Ca' d'Oro.

Pordenone, Christus und die Samariterin; ehemals im Kreuzgang von Santo Stefano, heute im Ca' d'Oro

Der Kreuzgang von Santo Stefano

Ein Wändeviereck blaß, vergilbt und alt,
Ehmals von Pordenones Hand bemalt.

Die Bilder fraß die Zeit. Du siehest nur
Mit schwachem Umriß hier und dort die Spur

Verwaschner Fresken noch: ein Arm, ein Fuß –
Vergangner Schönheit geisterhafter Gruß:

Ein Kind mit Augen auf, die lustig lachen
Und den Beschauer seltsam traurig machen.

6. Mai – Heute ist mir das süßeste und lieblichste Wunder
begegnet. Ich sah jene entzückende Blonde, die Bonifazio vor
400 Jahren als Lautenspielerin gemalt hat. Sie stand an einer
Kanaltreppe, nicht weit vom Colleoni[30], und schien ungeduldig zu warten. Ich konnte nicht widerstehen, ich mußte Halt
machen und sie anreden. Es zeigte sich, daß sie auf einen Gondoliere wartete, der ihr versprochen hatte, sie bis zum Cannaregio mitzunehmen, nun aber ausgeblieben war. Sie ging nach
einigem Zögern darauf ein, meine Gondel zu benützen, und
fuhr nun mit mir fast eine halbe Stunde weit, denn sie ist bei
San Giobbe[31] zu Hause. So hatte ich am hellen Tag ein schönes
Mädchen mir gegenübersitzen und kam mir auf der warmen,
allzu raschen Fahrt wie verzaubert vor.

Sie war es vollkommen: der zarte Hals, das kindliche und
träumerische Gesicht, die feinen Schultern, das schwere,
hochgebundene Blondhaar. Sie heißt Gina Salistri[32], ist armer
Leute Kind und wohnt bei San Giobbe. Mehr erfuhr ich nicht.
Auch nicht die genauere Bezeichnung ihres Hauses. In Wirklichkeit aber ist sie eine Traumschöpfung des Meisters Bonifazio, nach 400 Jahren zum Leben und körperlichen Dasein
erwacht.[33] Ob ich sie wiedersehen werde?

---

30 Reiterstandbild des Feldherrn am Campo Santi Giovanni e Paolo.
31 Kirche aus dem 15. Jahrhundert unweit des Bahnhofs.
32 Vgl. die Gedichte auf S. 144, 159 und 160.
33 Hesse hat diese Begegnung wenig später in der Prosa-Impression »Die Ju-
    ninacht« literarisch verarbeitet; dort fragt bei einer Abendgesellschaft der
    Gastgeber den jungen Dichter Martin: »›Ist es wahr, daß Sie in Venedig die

Bonifazio Veronese, »Der reiche Prasser und der arme Lazarus«, Ausschnitt

Den Abend verbummelte ich auf der Piazzetta mit dem lustigen Sohn meines Hauswirts, hütete mich aber, ihm von meiner Vision zu erzählen.

7. Mai – Tintoretto[34] soll seine Kollegen oft dadurch geärgert haben, daß er billiger als sie, gelegentlich sogar ohne Honorar Aufträge auf Bilder annahm. Schon dieser kleine Zug hat etwas Zweideutiges, er kann ebenso gut edel wie schuftig

Blonde aus Bonifazio's Gastmahl gefunden und sich in sie verliebt haben?‹ [...] ›Ja und nein‹, erwiderte der Dichter ernsthaft. ›Ich fand sie bei San Giovanni e Paolo, am Fuß des Colleoni, und erkannte sie im Augenblick. Es war die, die auf jenem Bilde zuhörend nach der jüngeren Lautenspielerin blickt. [...] Und ich konnte lang den Blick nicht von ihrer seltenen Schönheit wenden. Es fehlt nicht an schönen Frauen in Venedig, aber das war mehr, das war eine verirrte Erscheinung aus der Blütezeit der Republik, ein unbegreiflicher, rätselhafter Spätling aus dem Frauenkranz des Giorgione und Palma.‹ ›Und Sie verliebten sich?‹ ›Nein. Sie war wie ihr Vorbild bei Bonifazio eine Kurtisane.‹«
34 Jacopo Tintoretto (1518-94), venezianischer Maler.

sein. Und so ist der ganze Mann. Ich sah heute wieder in San Giorgio Maggiore seine Bilder[35] an und schämte mich für den großen Könner, der solche Fabrikware machen konnte. Er hat Ähnlichkeit mit den Talenten von heute, die teils aus Not, teils aus schlechtem Instinkt sich aufs Produzieren im Großen legen und als Illustratoren, Journalisten usw. ihre Gaben vertrödeln. Tintorettos schlechtere Bilder tragen durchweg die Merkzeichen des zum Virtuosen herabgekommenen Genies.

8. Mai – Ich muß gestehen, daß ich es in den letzten Tagen nicht unterlassen konnte, den Spuren der Bonifazio'schen Lautenschlägerin nachzugehen. Da ich keinen Gondoliere zu Hilfe nehmen wollte, war das Unternehmen nicht leicht und sah ziemlich hoffnungslos aus. Zunächst fand ich denn auch gar nichts. Da geschah es nun heute, daß ich ausnahmsweise morgens schon um halb sieben Uhr erwachte [für Venedig eine sehr frühe Stunde]. Und während ich nachsann, wie ich die schöne Frühstunde wohl am besten anwende, erinnerte ich mich plötzlich, daß in San Giobbe um diese Zeit Messe gelesen wird, während die Kirche den ganzen übrigen Tag geschlossen bleibt. Rasch warf ich mich in die Kleider, benutzte den nächsten Vaporetto[36] und kam bald an das schlichte alte Kirchlein. Die Messe war ausschließlich von Frauen besucht, armen Weibern und Töchtern aus dem Viertel der Gondoliere, Barkenführer, Lastträger, Austernfischer usw. Es war eine seltsam schöne Morgenstimmung in der Kirche, die weibliche Gemeinde sang das *ora pro me* jedesmal inbrünstig mit und

---

35 Von Tintoretto (1518-94) und seiner Werkstatt sind dort v. a. Spätwerke zu sehen: »Steinigung des Heiligen Stephanus« (ca. 1594),»Auferstehung Christi in Anwesenheit der Familie Morosini« (ca. 1585), »Mannawunder« (ca. 1594), »Abendmahl« (1592-94), »Kreuzabnahme« (1592-94).
36 Omnibusschiff.

Das Eingangsportal von San Giobbe, ca. 1900

unterbrach mit einer gewissen Leidenschaft den harten Priestergesang. Mehrere gute Altstimmen sangen eine Terz tiefer mit. Ich wollte den Gottesdienst nicht stören, auch als einziger Mann nicht die Aufmerksamkeit der Frauen erregen, deshalb kniete ich allein in der letzten Bank nieder und wohnte der ganzen Messe bei.

Als die Weiber am Weihwasserbecken vorbei aus der Kirche gingen, stellte ich mich im Halbdunkel nahe dabei auf und musterte den kleinen Zug von meist alten, verblühten Gesichtern, da sah ich sie plötzlich, die Blonde, vorübergehen und durch das Tor verschwinden. Ich eilte ihr nach und ging an der Gruppe, in der sie sich befand, so vorüber, daß sie mich sehen mußte. Ich grüßte nicht, aber ich blickte ihr einen kurzen Augenblick ins Gesicht und sah, daß sie mich erkannte. Dann folgte ich ihr von weitem und merkte mir das Haus, in das sie trat.

Nun kehrte ich nach San Giobbe zurück, wo eben der Küster das Tor abschließen wollte. Ich gab ihm zwei Soldi und bat ihn, ein paar Minuten zu warten. Die Kirche enthält nichts, was Fremde anzieht, und wird, da sie nur frühmorgens geöffnet ist, sehr selten besucht. Wer aber auch für kleine Dinge ein Auge hat, sollte doch hingehen. Die hübsche Frührenaissance-Fassade mit dem vortrefflichen Portal sieht man ja von außen, aber auch innen findet man genug Schönes. Die florentinischen Tonreliefs der hübschen Seitenkapelle[37] sind zwar nicht ersten Ranges, auch die »Anbetung der Hirten« von Savoldo[38] in der anderen Kapelle ist nicht von großer Wirkung, sondern kühl und hart. Ganz köstlich aber sind die Ornamente des Pie-

---

37 Die Decke aus glasierter Keramik der Cappella Martini sind ein Werk des florentinischen Bildhauers Luca della Robbia (ca. 1400-81).
38 Giovanni Gerolamo Savoldo (ca. 1480-1548); sein Bild in der Cappella Contarini stammt aus dem Jahr 1540.

Luca della Robbia, Majolikatondo, San Giobbe, Cappella Martini

tro Lombardo[39], Meisterwerke der Kleinkunst, voll von Grazie
und Adel. Nur in der vom selben Lombardo erbauten Maria
dei Miracoli[40] findet man ähnlich Schönes wieder.

Der Fund und das Zusammentreffen mit dem schönen
Mädchen hatten mich fröhlich gemacht. Nachdem ich einige Zeilen ins Notizbuch eingetragen und einen Blick in die
schlecht beleuchtete Sakristei geworfen hatte, verließ ich

39 Pietro Lombardo (1435-1515), Bildhauer und Baumeister. Der Umbau von
San Giobbe Ende des 15. Jahrhunderts im Stil der Renaissance ging auf seine Pläne zurück.
40 Santa Maria dei Miracoli (1481-89), Kirche im Stadtteil Cannaregio.

die Kirche. Es war neun Uhr, ein glänzend heller Vormittag lag vor mir, und ich beschloß, in dieser schönen Stunde den großen Paolo Veronese zu besuchen, der trotz Tizian der eigentliche Maler Venedigs ist. Kurze Zeit war ich unschlüssig, ob ich den Dogenpalast oder San Sebastiano aufsuchen solle. Das Letztere schien mir würdiger und schöner. Also nahm ich die nächste Gondel und fuhr durch die reine, morgendlich frische Lagunenluft dorthin. San Sebastiano, die Kirche des Paolo Veronese, liegt etwas abseits, unweit der Zattere, ein kleines prächtiges Kirchlein, das mehr als ein Dutzend Gemälde jenes fröhlichen Meisters besitzt. Der bescheidene Raum glänzt von seinen reichen, festlichen Farben, und mitten zwischen seinen Bildern steht die Büste und die Grabtafel des Malers mit der berühmten Inschrift.[41] Ich betrachtete die Bilder wieder lang und mit Genuß, besonders die Madonna mit den vier Heiligen.[42]

(1902)

---

41 Das Epitaph lautet: »Paulo Caliario Veronen. Pictori / Naturae Aemulo, Artis Miraculo / Superstite Fatis, Fama Victuro.« »Für Paolo Caliari aus Verona, dem Maler und Rivalen der Natur, dem Wunder an Kunstfertigkeit. Als Überlebender seines eigenen Schicksals wird er im Ruhme siegen.«
42 Altarbild »Thronenden Muttergottes mit den Heiligen Sebastian, Petrus, Katharina von Alexandria und Franziskus« (1570).

AUS DEM REISETAGEBUCH VON 1901

Mittwoch (1. Mai 1901)

Um 3 ½ Uhr fuhr ich nach Venedig ab. Unterwegs trotz Regens schönes Panorama der Schneeberge, dann führt die Bahn auf einen Damm in die Lagune hinein. [Nichts ist so spannend als die Bahnfahrt nach Venedig, wenn allmählich die Bahn in die Lagune kommt und dann die Stadt aus dem Wasser steigt.] In Venedig kam ich nach 5 Uhr an, fuhr in der Gondel nach Hause, besorgte Aufträge an Scherer[1] und Pfarrer Haupt[2]. Die Umstände waren für Venedig so übel als möglich: ich kam frierend bei ganz trübem Wetter an: dennoch übt die Stadt einen unsäglichen Zauber. Das Allerfeinste war eine abend-liche Gondelfahrt durch einen ganz toten, engen, dunklen Kanal mit hohen Häusern: alles totenstill, kein Schritt, kein Wind, kein Laut als das leise Plätschern der Gondel. Wege zu Fuß zu finden ist in Venedig im Anfang fast unmöglich. Ich schreibe dies in einem Wirtshaus und weiß noch nicht, wie ich an mein Haus kommen werde, in dem ich dann noch ex-tra reichlich Gelegenheit habe, mich zu verirren. Die Frauen tragen hier malerische Schultertücher, die sie apart und oft etwas kokett umlegen; sie verhüllen Arme und Taille und fal-len hinten mit langem Zipfel herab. Ich sah eine Menge hüb-scher Gesichter, alles derselbe sympathische, ruhige Typus, in denen nur die Augen Leben und Ausdruck haben und denen die schöne typische venezianische Frisur besondern Reiz ver-

---

1 Valentin Scherer (1878-1920), Kunsthistoriker, damals Student in Venedig, wo er Hesse begegnete.
2 Hierbei handelt es sich vermutlich um den Bruder des Mitarbeiters der Kunsthandlung Brogi in Florenz, den Hesse am 1.4.1901 besucht hatte.

leiht. Rührend war ein Brief von Prof. Thurnheer[3], der heute aus Florenz kam. Ich hatte dort beim Gehen ein Geldgeschenk für die Magd auf den Tisch gelegt. Nun fragt er naivst, was er damit machen solle, ob ich noch Aufträge hätte etc. Meine hiesige Wirtin bekomme ich gar nie zu sehen, alles geht durch die Magd. Meine Bude liegt neben dem Theater Fenice über einem kleinen stillen Kanal.

Donnerstag (2. Mai 1901)
Ich schlief köstlich. In Florenz hatte ich die immer laute Piazza vor dem Fenster, hier den lautlosen Kanal. Das Wetter ist heute schön und sonnig. Ich ging zur Piazza San Marco, traf Scherer dort, bummelte mit ihm und beschloß, mit ihm nachmittags auszufliegen. Meer und Stadt glänzen in der Sonne. Ich beginne den Dogenpalast und San Marco zu verstehen, die mir bisher nach Bildern unbegreiflich waren, indem ich ihre komplette Stillosigkeit aus dem aparten Charakter der Stadt, aus orientalischen Einflüssen und aus dem etwas weichlichen, vorwiegend aufs Dekorative gerichteten Geschmack Venedigs erkläre. Der malerische Eindruck ist auch wirklich ganz einzig. Um 12 Uhr aßen wir und fuhren um 1 Uhr mit dem Lustschiff nach Burano und Torcello. Die Lagunenfahrt bei leuchtender Sonne ist wundervoll. Bei Burano schlug ein Junge am Ufer, mit dem Schiff Schritt haltend, fast eine halbe Stunde lang Rad, um Soldi bettelnd. [Nichts fiel mir, der ich von Toscana her sehr verwöhnt war, hier so unangenehm auf als der elende Dialekt. Ich verstehe hier die Leute nur mit Mühe.] In Burano besuchten wir die Spitzenschule, wo man das einzige Schauspiel von etwa 200 venezianischen Mädchen mit sauberen Händen hat, die alle Spitzen nähen. Eini-

---

3   Hesses Zimmervermieter in Florenz.

VENEZIA 2 V. 1901 · Rio delle Maravegie

Dr. Trenkler Co., Lipsia.

Karte an seinen Vater vom 2. Mai 1901

ge sind hübsch.[4] In Torcello besuchten wir die uralte Kirche mit Mosaiken.[5] Der ganze Ausflug war so sonnig und fröhlich als möglich. Vor 7 Uhr bestieg ich in Venedig den Campanile, übersah Stadt und Lagune mit klarem Abendlicht, die Lagune wie Öl schillernd, gerade vor Sonnenuntergang. Dann saß ich mit Scherer bis 12 Uhr beim Wein. Er ist Thodeschüler[6], gab sich herzlich und nett, ein behaglicher und gescheiter, doch unorigineller Mensch. Nachts träumt mir, Papa käme mit Wölfflin[7] an, nach mir zu sehen.

Freitag (3. Mai 1901)
Früh ging ich in die Markuskirche. Es war hohe Messe, und zwischen die Lithurgie des Priesters erklang zuweilen ein Chor und eine Orgelmusik so auserwählt, rein, ergreifend und vollkommen, wie ich noch nichts gehört. Dieser Gottesdienst in der dämmerigen, von Gold und Reichtum strotzenden Prachtkirche war von einem Pomp und einem Eindruck ohnegleichen. Eine Menge Prälaten, der Erzbischof und andre Priester in teilweise sehr reichen Meßgewändern, einige schöne greise Klerikerköpfe dabei. Die Kirche selbst ist mit fabelhaftem Luxus ausgestattet, die ganzen riesigen Wände von Pfeilerhöhe an, Decken und Kuppeln alles von Goldmosaik, Fußboden und alles reichste Arbeit und edles Material. Die Mosaiken sind alle nicht so edel wie die viel älteren in Ravenna, aber so prunkvoll und in so verblüffender Masse und

---

4 Vgl. den dritten Teil von Hesses Gedicht »Venezianische Gondelgespräche«, S. 150.
5 Basilika Santa Maria Assunta (639) mit ihren Mosaiken aus dem 12./13. Jahrhundert.
6 Henry Thode (1857-1920), Kunsthistoriker und Schriftsteller, war damals (1894-1911) Professor für Kunstgeschichte in Heidelberg.
7 Der Basler Kunsthistoriker Heinrich Wölfflin (1864-1945), Nachfolger seines Lehrers Jacob Burckhardt.

Ausdehnung da, daß man beim ersten Anblick sprachlos ist. Die deutschen Bierbäuche freilich nicht – dieser Pöbel latschte mitten in all der Pracht und trotz des Gottesdienstes weiter. Wie gemein so ein feister deutscher Kommerzienrat neben einem italienischen Bettelbuben aussehen kann! Ich bestieg die Galerie, die durchs Innere der ganzen Kirche geht, und konnte nun bequem Mosaiken betrachten. Es sind einige alte, byzantinische da, namentlich einige Engel und eine hübsche Flucht nach Ägypten. Neben diesen kann man die Malerei nachahmenden, späteren raffinierten Mosaiken gar nimmer sehen. Sie sehen so unecht aus und sind ganz ungenießbar; doch beeinträchtigt es den dekorativen Gesamteindruck von unten kaum. Das riesige Goldfeld, das Wände, Bögen, Kuppeln total bedeckt, tut eine märchenhafte Wirkung. Dann war ich noch eine Weile auf der äußeren Galerie, wo die vier herrlichen Pferde[8] stehen und viele Tauben nisten. Links die Piazzetta mit Dogenpalast, Meer und Gondeln, rechts die von Taubenschwärmen überflogene Piazza. Davor der breite Kampanile. Ich saß hier allein in der warmen Sonne, still, nur vom Platz kam das Summen der Menge herauf und neben mir girrten die Tauben, von denen jeweils eine mir den schillernden Hals entgegenstreckt. Es war bald 11 Uhr, und ich wartete den Stundenschlag der Glockenmänner[9] ab. Ziemlich die besten hiesigen Mosaiken sah ich dann in den Kuppeln der Vorhalle von San Marco.

Um 12 Uhr aß ich mit Scherer, nach Tisch ging ich mit ihm zur Marciana[10] und besah einige Inkunabeln, schöne altvene-

8 Die vergoldete Bronze-Quadriga auf der Loggia am Westportal des Markusdomes, die nach der Plünderung Konstantinopels 1204 nach Venedig kam.
9 Die beiden 1497 aus Bronze gegossenen Mohren, die auf dem ein Jahr zuvor erbauten Uhrturm am Markusplatz die Stunden schlagen.
10 Biblioteca Nazionale Marciana am unteren Ende der Piazza San Marco.

Die Torre dell'Orologio mit den beiden »Glockenmännern«,
zwischen 1890 und 1900

zianische Drucke. Um 2 Uhr fuhr ich zum Lido. Dort sah ich
vom flachen Badestrand aus das offene Meer sonniger, stiller
und farbiger als je. Ich ging eine Stunde lang barfuß bis ans
Knie im Meer spazieren. Anfangs scheute ich die Krabben, die
freilich vor mir noch mehr Angst hatten, dann gewöhnte ich
mich daran und fing eine mit der Hand, nahm auch Muscheln
mit. Ich sah nie etwas so Komisches wie die Krabben, die sich
bei Gefahr in den Sand einwühlen und einen dabei mit stie-
ren angstvollen Augen anglotzen. Zu Hause packte ich dann
den Koffer aus und richtete meine kleine Bude ein. Abends,
während ich in einem engen Kanal fuhr, brach plötzlich ein

starkes Gewitter und ein solcher Sturm aus, daß meine Gondel nicht in den nächsten Kanal einbiegen konnte. Nun kam ein toller Regen, und wir mußten eine halbe Stunde unter einer kleinen Brücke warten. Allmählich kamen nacheinander noch drei andre Gondeln hergeflüchtet, bis der ganze kleine überdeckte Raum eng voll war – eine eigen poetische Stimmung![11] Die vier Gondeln schmiegten sich dicht in den stillen dunklen Winkel zusammen, auf beiden Seiten brauste der dicke Regen in den Kanal.

Abends aß ich mit Scherer und ging mit ihm zum Konzert auf der Piazza, wo großes Leben war. Dann ging ich um halb elf Uhr zur Piazzetta und hatte nun den zauberhaften Anblick einer venezianischen Mondnacht. Die Lagune flimmerte vom Mondschein. Die Silhouette von San Giorgio Maggiore lag tiefschwarz mit klarer Kontur jenseits wie ein Traum, die Seufzerbrücke war matt beleuchtet – alles ein vollkommenes Märchen. Dann an den Kanälen, in denen sich die Laternen spiegelten, vorbei nach Hause.

Samstag (4. Mai 1901)
Wetter sonnig schön, doch schwül. Früh verbummelte und vergondelte ich viel Zeit und Geld um einen Arzt (Hühnerauge). Es war keiner zu Haus. Dann halfen mir Pflaster aus der Apotheke. Später ließ ich mich nach San Giorgio Maggiore übersetzen. Die schöne Kirche dort hat außer dem Chorgestühl keine wichtigen Details, die Tintoretto verdienen Burckhardts hartes Urteil.[12] Vom Campanile aus unvergleichliche

---

11 Vgl. »In den Kanälen Venedigs«, S. 12.
12 Jacob Burckhardt (1818-97) hatte in »Der Cicerone« (1855) über die beiden Altarbilder, zwei späte Hauptwerke Jacopo Tintorettos, geschrieben: »Auf allen Altären von San Giorgio maggiore Sudeleien, welche dem Tintoretto zu ewiger Schmach gereichen.« (Kap. 69)

Aussicht auf Venedig und die Lagune, die weit hinaus wie Öl schillert, von den tiefgrünen schiffbaren, durch Pfahlreihen bezeichneten Wasserstraßen durchschnitten. Man sieht von

Blick vom Kampanile von San Giorgio Maggiore auf Venedig,
um 1900

hier aus über den Lido weg auch das große Meer, mit Schiffen und Segeln am Horizont. Die vielfarbigen Lagunenfelder und dahinter der riesige Meergürtel, fern mit dem Himmel verschwimmend, sind einzig schön. Eigen wirken zwischen Stein und Wasser die drei einzigen größeren Gärten von Venedig. Die ganze langgestreckte Stadt gleicht von hier aus einer schlanken Riesengondel. Vor Tisch, nach der Rückkehr, fütterte ich die

Tauben und wartete ab, bis meine Freunde auf dem Uhrturm 12 Uhr schlugen. Dann Essen mit Scherer. Mit ihm fuhr ich den Nachmittag nach Chioggia, eine fast zweistündige schöne Dampferfahrt durch die leuchtend farbigen Lagunen und das von vielen Segeln belebte Meer. In Chioggia gabelten wir einen achtjährigen halbnackten Buben auf, braunschwarzes schlaues Gesicht, ganz wild, vollendeter Schlingel, geht in keine Schule. Vor dem Ortspolizisten wich er in weitem Bogen aus. Wir ließen uns von ihm herumführen und wollten ihm, nachdem er einige Soldi erhalten, durch ein teures Glas Bier ein besonderes Bene[13] tun. Er setzte es aber nach dem ersten Schluck schaudernd ab und entfloh. Die Rückkehr war herrlich, die untergehende Sonne, über fernen blauen Gebirgen, glänzte tiefrot im Wasser. Dann Abendessen und Piazzabummel.

Sonntag (5. Mai 1901)
Heute war ich zum erstenmal in der Akademie.[14] Unbewußt habe ich die große Klugheit begangen, erst ein paar Tage venezianische Sonne zu sehen und hiesige Luft zu atmen, ehe ich die venezianische Malerei zu betrachten anfing. Nun verstehe ich Bellini, Giorgione, Palma, Tizian und Veronese, die mir sonst fremder geblieben wären und die ich in Florenz nicht zu schätzen wußte. Das süße, weiche Goldbraun, die satte tieftönige Luft, der ganze goldduftige Schmelz dieser Bilder ist mir nun verständlich und fesselt mich mit seiner üppigen sinnlichen Schönheit. Tintoretto, den ich aus der Ferne hoch verehrte, hat hier einige gute Sachen, enttäuscht aber doch und fällt namentlich neben der naiven Sicherheit Tizians als gesucht und gekünstelt sehr ab. Nach Tisch nahmen wir eine Gondel nach dem Lido. Dort watete ich wieder im

13 Ital.: »Wohl«.
14 Gallerie dell'Accademia delle Belle Arti am Canal Grande.

Meer, dann lagen und verfaulenzten wir den ganzen langen Nachmittag im Sand, Orangen essend und das Meer mit den Segeln betrachtend. Abends, nach dem Konzertbummel, fuhren wir von 10 bis 11 Uhr Gondel, erst den Canal Grande bis zum Rialto, dann durch die kleinen Kanäle unter der Seufzerbrücke durch zurück, bei hellem Mondschein. Wir kamen an zwei Musikgondeln vorbei, dann sang in einem Palazzo eine Sängerin, während wir leis und langsam vorbeifuhren. Jetzt ruht vor meinem Fenster der stille Kanal, nebenan vor dem Theater warten die Gondeln. Heute, wo ich sowohl von venezianischer Kunst wie von Natur und Leben so Reiches und vieles sah, ist mir der Zauber dieser einzigartigen Stadt ganz aufgegangen.

Montag (6. Mai 1901)

Früh mit Scherer nach Santi Giovanni e Paolo. Ich verweilte zunächst vor der Kirche beim Colleoni, mit dem mir Verroccio[15] mächtig imponieren, den ich in Florenz mehr nur zierlich gefunden hatte. In der Kirche überglänzt das Vendramin-Grabmal[16] alles andere. Das ist ein wundervolles Renaissancestück von gewaltig edlem Ausdruck, eigentlich unvenezianisch schön. Neben der Kirche die ganz merkwürdige, schöne Fassade des Ospedale[17] mit schönem Portal. Scuola

15 Andrea del Verrocchio (ca. 1435-88), Bildhauer und Maler der Hochrenaissance.
16 Prachtvolles Kalksteingrabmal (um 1500) des Dogen Andrea Vendramin (ca. 1393-1478) der Bildhauer Tullio (ca. 1455-1532) und Antonio Lombardo (ca. 1458-1516).
17 Das Ospedale di San Lazzaro dei Mendicanti hinter der Scuola Grande di San Marco; Anfang des 17. Jahrhunderts Hospital und Waisenhaus, dessen weibliche Zöglinge zu Sängerinnen und Instrumentalistinnen ausgebildet wurden; ab Anfang des 19. Jahrhunderts erst Militärkrankenhaus, wenige Jahre später dann allgemeines Bürgerspital; heute Ospedale Civile SS. Giovanni e Paolo di Venezia.

Grabmal des Dogen Andrea Vendramin

di San Marco, mit den Reliefbändern![18] Die Hauptzier des ganzen Platzes ist aber der Colleoni. Dann nach Santa Maria Formosa[19], wo Palmas heilige Barbara[20] ist. Das Bild hat einen wunderbaren Schmelz und ganz den venezianisch

Ca' d'Oro, zwischen 1890 und 1900

goldenen Ton, alles weich und reif, Gestalt und Gebärde vornehm, fesselt zu langem Betrachten. Neben der Kirche Santi

18 Die mit Reliefs und illusionistischen Marmorintarsien verzierte Renaissancefassade stammt zu großen Teilen von Pietro Lombardo (ca. 1435-1515).
19 Renaissancekirche im Stadtteil Castello.
20 Hauptwerk (1515) des Malers Jacopo Palma il Vecchio (ca. 1480-1528).

Giovanni e Paolo ist eine der schönsten Brunnenöffnungen Venedigs, mit wundervollem Puttenkranz.[21] Ich kaufte nun Veduten und dann etwas kalte Küche, da ich mit Scherer zu teuer esse. Ich bekam für 60 cts Schinken, Käse, Brot und Orangen und aß zu Hause so reichlich als im Cavaletto für 2 ½ Lire. Um halb zwei Uhr Besuch der Frari.[22] In der Sakristei die Madonna mit Heiligen von Giovanni Bellini, edel und lieblich zugleich, mit den zwei entzückenden musizierenden Engelchen.[23] Dann Tizians Madonna des Hauses Pesaro, eines der großartigsten Bilder überhaupt, leider stets mangelhaft beleuchtet. Ich fuhr nun mit dem Dampfer den Kanal durch bis ans Ende, an allen Palästen vorbei, von denen der Vendramin[24] und der reizende gotische Ca' d'Oro[25] mich speziell fesseln. Auch die Rialtobrücke ist von apart malerischem Reiz. Den übrigen Tag und den ganzen Abend verbummelte ich in der Stadt zu Fuß, machte vielerlei Einkäufe, ging nachts über den Rialto und freute mich überall des enorm regen Treibens in den engen Gassen.

Dienstag (7. Mai 1901)
Regen. Ich ging erst um 11 Uhr aus. Den ganzen Tag war starker Wind, dann Sturm, so daß die Lagune heftig bewegt war. Ich war nachmittags mit Scherer in der Ausstellung in den

---

21 Der Brunnen vor der Seitenfront der Kirche mit einem Reigen von Füllhörnern tragenden Putti nach einem Entwurf von Jacopo Sansovino (1486-1570). Vgl. Hesses Gedicht »Venedig«, S. 163.
22 Santa Maria Gloriosa dei Frari, bedeutender gotischer Sakralbau (1361).
23 »Trittico dei Frari« (»Madonna mit Kind und den Heiligen Nikolaus, Petrus, Markus und Benedikt«; 1488) von Giovanni Bellini (1433-1516).
24 Der 1481-1509 erbaute Renaissancepalast Vendramin-Calergi, in welchem Richard Wagner 1883 starb.
25 Einer der am reichsten ausgestatteten gotischen Palazzi (1421-42).

Giardini Publici[26], wo neben einigen mir neuen Böcklin[27] besonders die modernen Italiener mich fesselten, darunter »Il castigo« von B. Romolo[28], eines der raffiniertesten Bilder, die ich je sah [rotglühende Beleuchtung, Büßerin mit Teufeln und Schlangen]. Das Böcklinporträt von Carlo Boecklin[29] ist krampfhaft steif. Im übrigen verbummelte ich den ganzen

Reklamemarke für die 4. Biennale, 1901

26 Die seit 1895 alle zwei Jahre stattfindende Biennale »Esposizione Internazionale d'Arte della Città di Venezia« fand vom 22.4. bis 31.10.1901 statt.

27 Vom nur wenige Monate zuvor gestorbenen Arnold Böcklin (1827-1901) waren zwölf Bilder auf der Biennale zu sehen.

28 Romolo Bernardi (1876-1956), italienischer Maler und Bildhauer; war mit dem Triptychon »Il castigo« (»Die Strafe«) auf der Biennale vertreten, das für einiges Aufsehen sorgte und sofort aufgekauft wurde.

29 Der seinerzeit populäre Kunsthistoriker Richard Muther (1860-1909) schrieb am 30.4.1901 in der Zeitschrift »Der Tag« über »Die Venetianische Ausstellung«: »Carlo Böcklin hat ein Porträt seines Vaters gemalt, das ihn darstellt als Erdgeist in stilisiertem Mantel vor einer stilisierten Mauer, über der stilisierte Zypressen in den gewitterschwarzen Abendhimmel ragen. Das Bild ist ein Vatermord, eine Schändung des eigenen Namens. Und ich habe den Verdacht, daß Carlo auch die meisten anderen Bilder der venetianischen Ausstellung fabrizierte.« Die von Carlo Böcklin (1870-1934) gegen ihn 1903 angestrengte Beleidigungsklage verlor Muther.

Tag in der Stadt und an der Lagune, das stark erregte Wasser betrachtend und von Regen und Sturm fast umgeblasen. Man lernt hier die Kunst des faulen Herumlungerns famos.

Mittwoch (8. Mai 1901)
Wieder Sonne. Eigentlich wollte ich nur acht Tage in Venedig sein, die heute um wären, nun aber denke ich noch gar nicht ans Reisen. Um 10 Uhr nahm ich den Dampfer nach der Giudecca. Dort vor San Redentore lag ein großes rot gestrichenes Segelschiff. Der Reflex des Zinnobers in der mit Tang bedeckten Lagune ergab einen tief braunroten, mit grünen

Il Redentore auf der Giudecca

Wellengipfeln durchsetzten satt schönen Ton. Es gab ein famoses Farbenbild, als an diesem roten Schiff und Strand eine Fischersfrau in grünem Rock und grauem Schultertuch vorbeiging, die ein grellgelb gekleidetes Kind auf dem Arm

73

hatte. Dahinter viele Segel und jenseits die edle Kuppel von San Salute.[30] San Redentore hat eine auffallende, schöne antike Fassade mit Halbsäulenordnung und Pilastern, durch die Barockskulpturen entstellt. Das Giebelfeld ist zum Glück leer. Das einschiffige Innere mit Chor und Seitenkapellen ist licht und edel gedacht, doch bleibt die kahle, flach gewölbte Decke störend; die hübschen kleinen, je durch zwei mächtige Halbsäulen gefaßten Nischen sind durch entsetzliche fingierte Statuen verdorben. Auch hier zwei Bilder von Tintoretto, die stark enttäuschen.[31] Außer den paar großen Akademiebildern und den Florentiner Porträts fand ich von Tintoretto fast nur Oberflächliches. Die Kreuzabnahme vom jüngeren Palma[32] ist mir von den Bildern in Redentore noch das liebste, obwohl die Magdalenenfigur die Komposition stark durchbricht. Als ich zurückwollte, war das Schiff schon fort und keine Gondeln da, und ich mußte mich in einer Kohlenbarke nach San Giorgio übersetzen lassen. Woran drei Stuttgarter Damen teilnahmen, gebildete nette Landsleute. Von da nahm ich Gondel zur Piazzetta. Den Dogenpalast kann man nur hier, vom Meer aus, verstehen, indem man seine auf den Kopf gestellte Architektur als eine Art Pfahlbau nimmt. Im Hof des Dogenpalastes redete mich ein alter Herr aus Dresden sehr verzagt und ratbedürftig an. Er war blitzdumm, gutmütig, konnte kein Wort Italienisch und fand sich nicht zurecht. Vor den Erzbrunnen im Hof fragte er mich, ob das Marmor wäre. Dann, warum man die Seufzerbrücke so nenne, da sie doch ganz nett und freund-

---

30 Santa Maria della Salute.
31 Die beiden Altarblätter »Geißelung« und »Verklärung Christi« (ca. 1588) stammen aus der Werkstatt Tintorettos.
32 Jacopo Palma il Giovane (ca. 1548-1628), Großneffe von Jacopo Palma il Vecchio.

Santa Maria dei Miracoli

lich aussehe. Heißt Richard Kunze. Nach Tisch fuhr ich mit Scherer nach Santa Maria dei Miracoli. Bei der Abfahrt am Molo[33] gaben wir dem Rampin[34] nichts, worauf dieser, als wir abgestoßen waren, den Hut abnahm und mit höhnischer Verbeugung für das reiche Trinkgeld dankte – unendlich komisch. Miracoli ist ein köstliches Kirchlein, die Wände schön marmorgetäfelt, die Decke braun, holzkassettiert mit Malerei. Die Böden, Wände, Pfeiler sind mit einer Ornamentik geziert, die ich so erlesen geschmackvoll nie sonst fand, Leisten und Füllungen, namentlich vertikale an Pfeilern, von ganz entzückender Schönheit. Keine Bilder, keine Skulpturen etc., der ganze Schmuck liegt im Material und im Ornament. Kleiner überkuppelter Chor, Altarschranke und Stufen ebenfalls im edelsten Stil verziert, einzelne Muster von klarster Schönheit. Ich trank noch mit Scherer Kaffee, dann fand ich zu Hause eine liebe Karte von Ugel.[35] Abends traf ich den guten Dresdener wieder und begleitete ihn zum Schiff nach Lido. Dann kaufte ich für 12 Soldi reichlich Brot, Käse, Schinken und Orangen und aß zu Hause. Um 10 Uhr ging ich noch eine Stunde spazieren. Auf der Piazza wurde ein Dieb erwischt und verhaftet, unter Bravorufen und lebhaftester Beteiligung von Hunderten. Es waren Sterne, doch kein Mond am Himmel, eine schöne dunkel-ernste Nacht. Als ich von der Piazzetta zurückkam, wurde die Meistersingerouvertüre gespielt. Die Ausführung war nicht brillant, auch die Instrumentierung stark vermodelt[36], dennoch machte mir diese Aufführung Wagnerscher Musik auf dem Markusplatz einen

33 Anlegeufer an der Piazzetta.
34 Ein »Rampino« (»Enterhaken«) ist ein ehemaliger Gondoliere, der nur noch Hilfsarbeiten ausführt wie das Vertauen von Gondeln.
35 Hesses Jugendfreund, der Arzt und Schriftsteller Ludwig Finckh (1876-1964).
36 Hier: verunstaltet.

großen Eindruck, da man hier bei jeder Fahrt auf dem Canal Grande so stark an Wagner[37] denken muß.

Donnerstag (9. Mai 1901)
Schon heute früh drohte Sturm. Jetzt elf Uhr, wo ich im Dogenpalast bin, tobt draußen Sturm und Regen entsetzlich. Die Prachtsäle machen einen herrlich festlichen Eindruck; Tintoretto und alle werden von Paolo Veronese weit überstrahlt, dessen üppige Vollkommenheit hier am rechten Platz ist. Der pachtvolle große Saal Del Consiglio, mit den zwei Globen, ist für mich mit der Erinnerung an d'Annunzio[38] verknüpft. Als ich durch die Seufzerbrücke und die schauerlichen Gefängnisse den Palast verließ, war wieder wärmste Sonne. Schön ist es immer, wenn um 12 Uhr beim Kanonenschuß die großen Taubenschwärme aufschreckend über den Platz kreisen. Bei Tisch traf ich zwei deutsche Architekten, mit diesen und Scherer will ich den Abend verkneipen. Ich beginne hier die schöne Kunst des vollendeten Müßiggangs gelehrig zu erfassen. Morgen geht Scherer fort, auch die Architekten, und ich werde dann allein hier sein, was mir lieb ist. Abends bis 12 Uhr kneipten wir Chianti und Asti, der mir trotz ziemlicher Menge wie immer sehr wohl bekommt, die Architekten aber ziemlich mitnimmt.

Freitag (10. Mai 1901)
Erst besorgte ich in Scherers Auftrag Photographien. Dann setzte ich mich in der Markuskirche in eine Bank und ließ das

---

37 Das letzte Jahr seines Lebens hielt sich Richard Wagner in Venedig auf, wo er am 13.2.1883 im am Canal Grande gelegenen Palazzo Vendramin-Calergi starb.
38 Gabriele d'Annunzio (1863-1938), italienischer Romancier, Dramatiker und Lyriker des Fin de Siècle.

Die Seufzerbrücke, zwischen 1890 und 1900

gesamte Bild auf mich wirken, ohne irgend einzelnes zu studieren. Ich war so faul, daß ich bis 12 Uhr dort sitzen blieb. Dann aß ich zu Hause, schlief und vergondelte den übrigen Tag. Beim Abendessen im Cavalletto war eine Italienerin, die ich schon gestern angestaunt hatte, eine biegsam schlanke, elegante Gestalt – die schönste Frau, die ich in Italien gesehen habe, an Divinationen des Giorgione[39] erinnernd. In einzelnen Gesten ähnelte sie sehr der Duse.[40]

Samstag (11. Mai 1901)
Früh ging ich durch hübsche Gassen und Brücken und über den Campo Maurizio nach dem Campo Francesco Morosoni, wo die Kirche Santo Stefano ist. Die gotische Fassade ist hübsch. Da meine Zigarre noch brannte, betrat ich zuerst den Kreuzgang. Hier an den Häuserwänden finden sich Reste von Pordenones Fresken, ganz zerstört, doch Schönes ahnen lassend. Darunter zwei ganz reizende Gruppen von je vier Putten, oben ein Ornamentfries und gemalte Nischen mit Tugenden. Der bemalte Hof muß prächtig gewesen sein. Im Gang zwei gute Grabmäler. Als meine Zigarre zu Ende war, trat ich in die Kirche selbst. Das Grabmal Contarini [Reiterstatue], obwohl 17. Jahrhundert, ist schlicht und schön.[41] Das kleine, ganz einfache des Arztes Suriano beste Renaissance.[42] Ich besah Chor und Sakristei. Die nahe Kirche San Vitale war geschlossen. Ich ging über die Kanalbrücke und an der

---

39 Giorgione (1478-1510); vgl. Hesses Gedicht »Giorgione«, S. 134.
40 Eleonora Duse (1858-1924), berühmte italienische Schauspielerin, die u. a. in den Dramen des lange Zeit mit ihr liierten Gabriele d'Annunzio auftrat. Hesse hatte beide erst vor kaum einem Monat, am 15.4.1901, im Florentiner Theater Pergola gesehen, wo die Duse die Hauptrolle in d'Annunzios Stück »Città morta« (1898) spielte.
41 Grabmal des venezianischen Heerführers Domenico Contarini (1650).
42 Das Grabmal des Arztes Jacopo Suriano, ein Bronzerelief (1488-93), wird Giovanni Buora (1450-1513) zugeschrieben.

Domenico Campagnola, Fries mit Putten ehemals im Kreuzgang von Santo Stefano, heute im Ca' d'Oro

Akademie vorbei. Dort freute mich der laubig grüne Hof der Casa Goldschmiedt durch den in Venedig so raren Reichtum an Blumen und grünen Ranken. Dort fand ich auch die engste Gasse Venedigs, wo nur einer auf einmal gehen kann. In einer der armen Gäßchen dort erregte das Erscheinen einer reichen Privatgondel großen Auflauf. Ich kam bald zur [Santa Maria della] Salute, die mit stolzer Treppe beherrschend am großen Kanal liegt. Das Innere ist von klassischen harmonischen Verhältnissen. An der Tür eine malerisch scheußliche Bettlerin: uraltes Hexengesicht, blauer Rock, braunes Tuch, brandrotes Kopftuch. Schöner Fußboden, doch auch mit dem mir verhaßten Würfelmotiv, das auf Gehflächen irritierend wirkt, weil Plastik fingierend, wo Fläche schön und nötig ist. In der Sakristei Tizians Markus und drei Deckenbilder von ihm, sämtlich von echt Tizianischem Adel.[43] Dort auch einige kleine alte Bildchen ohne Namen, u. a. eine kleine Madonna mit Kind und anbetenden Heiligen in reicher Landschaft, im venezianisch satten Ton. Tintorettos Hochzeit zu Kanaa durch Kolorit und Licht bedeutend. Ich bummelte noch an der Dogana und nahm dann mit zwei jungen Burschen gemeinsam Traghetto.[44] Essen im Cavaletto. Um meine heutige arbeitsame Stimmung zu benützen, fuhr ich nach Tisch zur Akademie. In Florenz leistete ich ungefähr jeden Tag so viel, hier in Venedig ist das eine Ausnahme. In der Akademie saß ich zunächst ganz allein vor Tizians Tempelgang, einem meiner Lieblinge.[45] Dann war ich bei der Assunta, dem Bild der Bilder.[46] Ich ging Tizian weiter nach und verweilte lange bei der Deposizio-

43 »Der Heilige Markus auf dem Thron mit den Heiligen Cosmas, Damian, Rochus und Sebastian« (1511/12) sowie die hier nach der Auflösung des Klosters Santo Spirito in Isola (1656) untergebrachten Deckengemälde »David und Goliath«, »Abraham und Isaak« und »Kain und Abel« (1542-44).
44 Gondelfähre, die u. a. am Punta della Dogana den Canal Grande überquert.
45 Tizian hatte »Tempelgang Mariä« 1534-38 für die Scuola Grande di Santa Maria della Carità gemalt, wo inzwischen ein Teil der Sammlung der Accademia untergebracht ist. Damit ist Tizians monumentales Werk das einzige Gemälde, das sich noch an seinem ursprünglichen Ort befindet.
46 Tizians epochale »Assunta« (»Mariä Himmelfahrt«; 1516-18) war von 1818 bis 1919 in der Accademia ausgestellt und befindet sich heute wieder an dem ihm zugedachten Platz über dem Altar in der Frari-Kirche.

Tizian, »Assunta« (»Mariä Himmelfahrt«) in der Frari-Kirche

ne[47], die wie eine stilvoll stetig gebaute Tragödie den großen Schmerz in anschwellendem Akkorde vorträgt: ein Bild voll schmerzlicher Schönheit, bis in die bräunliche Trübung der Farbe Trauer atmend. Ich blieb bis 3 Uhr, wo geschlossen wird. Dann war ich müde und blieb lesend zu Haus. Zuweilen fährt eine Gondel vorbei, zuweilen nur ein Gondelgespräch, ohne daß man das Ruder hört. Abendessen im Cavalletto. Später traf ich in einem Laden einen Schwaben mit Frau, mit denen ich eine Flasche Wein trank. Dann guter Schlaf.

Sonntag (12. Mai 1901)

Sonne. An der Lagune beim Ponte della Pietà[48] gingen zwei hübsche Venezianerinnen, deren Röcke [rot und moosgrün] genau jenen entzückenden Farbenklang des Palma in der Akademie gaben.[49] Darüber trugen sie ihre langen schwarzen Tücher umgeschlagen, die im starken Winde flogen. Ich besuchte die Kirche S. Pietà, wo ein großes Deckenbild von Tiepolo ist.[50] Dann ging ich nach San Giovanni in Bràgora[51], die ganz voll war und wo ich eine feurige Predigt anhörte. Der reich gekleidete Priester sprach über das Gebet, mit bewegtem Vortrag. Erst über das persönliche, dann das Familien-, dann das öffentliche Gebet. Beim letzteren erzählte er

---

47 Tizians letztes Bild, die »Pietà« (1576), bestimmt für sein Grab in der Frari-Kirche.

48 Fußgängerbrücke über den Rio della Pietà bei der Kirche Santa Maria della Pietà an der Riva degli Schiavoni.

49 Dieser »Farbenklang« ist auf zwei Bildern von Palma Vecchio in der Accademia zu sehen: »L'Assunzione della Vergine« (»Himmelfahrt Mariä«; 1512-14) und »Sacra Conversazione« (»Die Heilige Familie mit Johannes dem Täufer und Katharina von Alexandria«; ca. 1525).

50 Das Fresko »Triumph des Glaubens« (1754/55) von Giovanni Battista Tiepolo (1696-1770) sowie die zeitgleich entstandenen Fresken »Allegorien von Stärke und Frieden« und »Aufnahme Mariens in den Himmel«.

51 Kirche am Campo Bandiera e Moro im Stadtteil Castello.

mit einer gewissen Großartigkeit, wie bei wichtigen Anlässen im alten Venedig Senat und Volk gemeinsam beteten. In dem hübschen Kirchlein fielen mir mehrere anziehende Bilder auf, die zu betrachten aber heute nicht anging. Die vom Wind erregte Lagune ist heute prachtvoll tiefgrün, das Wetter sieht unbeständig aus. Nach Tisch fuhr ich in die Giardini[52] und bummelte dort ein wenig. Es sind schöne alte Platanen dort, auch Blumen. Ich sah einem Fischerbuben zu, der vom Boot aus an einer Schnur Krabben fing und einen durchaus unbeschnitten elementaren Eindruck machte. Abends 6 Uhr fuhr ich noch schnell nach dem Lido hinaus; die Lagune hatte ganz hellgrüne Rheinfarbe, das Irisspiel darauf bei bleicher Sonne unsäglich fein, mit Opal- und Permutterglanz. Von eigentümlicher, unvergeßlicher Schönheit war der Anblick der Stadt: Hinter San Giorgio sah die Salute heraus, sich langsam nach links schiebend, und die ganze Stadt mit Kuppeln und Türmen lag in schwarzer Silhouette auf dem Wasser wie eine schöne, schattenhafte Dekoration. In Lido fand ich das Meer großartig, mit weißen Wellenkronen und Gebrause heranschäumend. Es ging ein heftiger Wind, fast Sturm, daß ich kaum gehen konnte. Um 8 Uhr war ich zurück – ein abendklarer, schöner Ausflug. Als ich, ganz nah meiner Bude, an Santa Maria Zobenigo vorbeikam, war innen Gesang. Ich trat ein und hörte eine Weile einem schönen Knabenchor zu. Mit dem heutigen Tag zufrieden und auch sonst guter Stimmung, nahm ich für meinen etwas verstauchten Magen statt Medizin 1 ½ Flaschen Asti ein, der famos schmeckte. Es saß ein alter Herr aus Chaux de Fonds da, mit dem ich etwas Französisch stotterte.

52 Gärten im Stadtteil Castello.

Montag (13. Mai 1901)

Ausnahmsweise stand ich heute schon um 6 Uhr auf. Das Wetter war schön. Ich benützte die Stunde und ging nach San Giobbe, die nur bis 9 Uhr offen ist. Die morgenfrische Fahrt auf dem grünen Kanal war köstlich. In Giobbe war

Karte an seine Schwester Marulla vom 13. Mai 1901

Messe, die Kirche voll armer Frauen. Da ich jetzt daran gewöhnt bin, kniete ich eine halbe Stunde mit. Bei den Respon-
sorien[53] sangen manche [die] zweite Stimme. Dann besah ich
die Kirche, deren Bestes die famosen Ornamente Lombardos
sind. Savoldos Anbetung war sehr dunkel – ein kühlschönes
Bild. Die Sakristei besah ich, während der Priester Toilette
machte. Dann kam ich nach San Geremia, einer hohen, weit-
räumigen Kuppelkirche.[54] Nebenan Platz mit Palazzo Labia.[55]
Von da nach den Scalzi, einem enorm protzigen Barockbau,
mit flotter Deckenfreske von Tiepolo[56], durchaus pathetisch
aufgedonnert und ohne allen zarteren Schmuck, doch durch
Reichtum und Farbe wirkend. San Simeone Piccolo[57] war geschlossen. Ich ging noch zur Kirche S. Tolentini hinüber, die
eine merkwürdige antike Vorhalle an nackter Fassade hat.[58]
Gegenüber zwei hübsche Paläste. In der Kirche schöne, hell
bemalte Kuppel mit heimeliger Galerie. Baedeker schweigt
unverantwortlich über viele hiesige Kirchen. Ich kaufte mir
zwei Eier, die ich auf der Rückfahrt aß. Die Sonne leuchtet,
es ist heiß, seit einer Woche der erste so glänzende Tag. Vor
Tisch ging ich auf den Platz, was ich ungern versäume, zu
den Tauben. Sie haben mich gern, und ich habe immer Hän-

53 Antwortrufe bzw. -gesänge der Gemeinde auf eine biblische Lesung.
54 Kirche an der Mündung des Canale di Cannaregio in den Canal Grande.
55 Barockpalast im Stadtteil Cannaregio.
56 Santa Maria di Nazareth, Klosterkirche der Unbeschuhten Karmeliten
    (»scalzo« = barfuß) am Canal Grande neben dem Bahnhof. Tiepolos Dek-
    kengemälde »Trasporto della casa di Loreto« (»Flug des Marienhauses
    nach Loreto«; 1743) wurde im Oktober 1915 durch eine österreichische
    Fliegerbombe nahezu vollständig zerstört; der Entwurf und die Reste des
    Freskos sind in der Accademia zu sehen.
57 Klassizistische Kirche am Canal Grande gegenüber dem Bahnhof.
58 San Nicolò da Tolentino, Kirche im Stadtteil Santa Croce; der Ende des
    16. Jahrhunderts erbauten Kirche mit Ziegelsteinfassade wurde Anfang
    des 18. Jahrhunderts ein Portikus mit korinthischen Säulen vorgesetzt,
    welche die Last des Dreiecksgiebels tragen.

Der täglich um 12 Uhr als Signal für die Mittagszeit von der Insel San Giorgio Maggiore abgefeuerte Kanonenschuß, um 1900

de und Arme voll von den zahmen schillernden Tierchen sitzen – ein naivstes, aber köstliches Vergnügen. Dann der famose Moment, wenn beim 12-Uhr-Schuß die Tausende von Tauben in dichten schönen Wolken schwärmen und die Glockenschläger lebendig werden. Ich wollte den Nachmittag vergondeln, doch ist heute der Wind so stark, daß man zwei Gondoliere braucht, was mir zu teuer ist. Nun ging ich nach San Zaccaria[59], deren Fassade in später Renaissance gute Verhältnisse, doch zu viel leere Nischen hat. Innen dunkel, kühl und still in dieser heißen Mittagsstunde. Das Priestergrab hinter dem Hochaltar hat eine sehr gute Ornamentleiste. Es sind viele Bilder da, manche interessant; das beste, von Giovanni Bellini[60], ist jetzt schlecht beleuchtet. Nun

59 Renaissancekirche im Stadtteil Castello.
60 Bellinis »Thronende Madonna mit Heiligen und musizierendem Engel« (1505).

fuhr ich nach Lido und nahm ein Seebad. Es war Flut und schöne Wellen. Ich schwamm eine Viertelstunde, schluckte eine Menge Salzwasser und fühlte mich sehr wohl. Das Wasser hatte 18 Grad, schien aber, als ich einmal drin war, viel wärmer. Danach spazierte ich am Strand und hatte komische Unterredungen mit den Fischern, die mir Muscheln, Seesterne, ja für 50 cts »tutta la mare adreatica« anboten. Ein kleiner Junge bat ganz einfach um »einen soldino für das Meer«. Auf der Rückfahrt beobachtete ich ausschließlich das Wasser, das opalartig voll Farbenkombinationen steckt und einen jeden Augenblick überrascht. Nachher fütterte ich Tauben, die ich immer mehr liebe, ja, von denen ich zwei persönlich kenne. Der Glanz des Gefieders, die warme Berührung namentlich des weichen Halses, das leise Picken aus der Hand machen mir viel kindische Freude. Ich muß nächstens einen Fonds für sie aussetzen – heute gab ich über eine Lira für Mais aus. Allmählich beginne ich nun auch Venezianisch zu verstehen. Abends fütterte ich ein paar Kinder an den Flaggenständern, dann ging ich in die Stadt bummeln. Als Souper nahm ich in einem Laden zwei rohe Eier für 13 cts. Unterwegs fand ich bei einem Krämer ein altes italienisches Buch, das mich interessiert, und erhandelte es billig. Nun war ich müde. Ich bin zur Piazzetta, wo heute ein Konzert war, und setzte mich unter das Volk auf die Stufen der Bibliothek. Ich redete mit den Leuten über das Wetter, über ihre Kinder etc. Neben mir saß ein Schiffsknecht, dessen Schatten vor mir auf die Fliesen fiel. Ein fester Kopf, die kurze Pfeife im Mund, viertelstundenlang ohne jede Regung, es hätte der Schatten einer Skulptur sein können. Dann redete mich ein Berliner an, mit dem ich morgen abend im Cavalletto zusammenzukommen verabrede.

Dienstag (14. Mai 1901)
Wundervolles Wetter, klar und heiß. Ich fuhr zum Museo Civico.[61] Dort im schönen Hof, wo ein kleiner Goldfischbrunnen rauscht, sind einige venezianische Brunnenmündungen aufgestellt, famose Stücke, darunter einige mit ganz orientalischem Ornament. Im ersten Stock ist zunächst eine schöne Waffensammlung, auch Fahnen. Bei den Gemälden die künstlerisch fast wertlosen, doch für Sitte und Kostüm enorm interessanten Bilder von Longhi.[62] Toilette, Familie, Tanz, Masken etc. Dann Medaillen und Reliefs. Interessant war mir die Kostümsammlung. Dann Rokokomöbel, hübsche Ton- und Glassachen, gute Emailstücke. Viel putzig geschmackloses Gerät des 17. und 18. Jahrhunderts. Entzückend ist das Bücherzimmer, darin ein paar gute Miniaturen und bei den Einbänden einige höchst reiche, gute Goldpressungen. Die berühmte Büste des Andrea Loredan ist famos.[63] Das winzige Bildnis des hl. Antonius von Vivarini hat einen köstlichen, fast zu schweren Renaissancerahmen.[64] Carpaccios Bild mit den zwei Weibern[65] prägt sich mit seiner verblüffenden Gegenständlichkeit sehr ein. Schön ist der Blick im obersten Stock auf den Kanal hinab. Dort sind Handzeichnungen, besonders alte Veduten von Venedig, auch einige Inkunabeln. Dann zur

---

61 Museo Civico Correr; städtisches Museum in den Prokuratien am Markusplatz gegenüber dem Dom.
62 Pietro Longhi (1702-85), venezianischer Rokokomaler; seine Bilder mit Genreszenen aus dem Alltag der Lagunenstadt sind seit 1936 im Museo del Settecento Veneziano im Ca' Rezzonico am Canal Grande untergebracht.
63 Bronzebüste eines jungen Mannes (womöglich des venezianischen Marineoffiziers Andrea Loredan; 1455-99) von Andrea Briosco, gen. »il riccio« (1471-1532).
64 »San Antonio da Padova« von Alvise Vivarini (1442/53-1503/05).
65 Vittore Carpaccio (ca. 1465-1525/26), »Zwei wartende Venezianerinnen« (ca. 1490-95; zu Hesses Zeiten hieß das Bild noch »Zwei Courtisanen«).

alten Kirche San Giacomo dall'Orio[66], einem sehr alten Back-
steinbau. Fra Bassanos »Predigt Johannis« ist ein tüchtiges
Bild, doch ohne Größe[67], das Beste in der ganzen Kirche ist
die vergoldete Holzwölbung über jenem Bild. Nach 12 Uhr aß
ich rasch im Cavalletto. Das Wetter ist heute so glänzend wie
ich es nur je in Italien gehabt. Nach Tisch balgte ich mich mit
drei schlampigen, aber hübschen und klugen Kindern von
6-8 Jahren auf dem Markusplatz herum, sie mit Schokolade
und die Tauben mit Mais fütternd. Ich kenne jetzt auch noch
eine dritte Taube, die krank ist. Ich hatte viel Spaß mit den
Kindern, über eine Stunde. Dann fuhr ich nach Lido hinaus;
die Lagune war spiegelglatt, mit großen grasigen Sumpfflä-
chen. Das Meer am Lido war heute schwer dunkelblau, wie
ich es bisher nur auf Bildern gesehen. Ich nahm wieder in
dem heute viel ruhigeren Meer ein Bad. Ich schwamm weit
hinaus: es ist jedesmal köstlich wenn nach dem Vorübergehen einer Welle wieder für Augenblicke der weite Meer-
horizont sich auftut. Nach dem Bade ruhte ich im warmen
Sand und plauderte mit den Muschelmännern, die mich nun
schon kennen. Etwas wunderbar Feines ist der Meersand,
auf dem man so weich und reinlich liegt und der so zart und
warm durch die Finger gleitet. Abends 7 Uhr traf ich meinen
Berliner im Cavalletto, aß mit ihm zu Nacht und nahm mit
ihm in den Prokurazien[68] den Kaffee. Dann saß ich noch allein auf den Säulenstufen des hl. Theodor auf der Piazzetta
und ging zeitig nach Haus. Nahe meiner Bude brachten drei
junge Burschen mit Gitarre und Gesang ein Ständchen in der

---

66 Eine der ältesten venezianischen Kirchen aus dem 9. Jahrhundert im
   Stadtteil Santa Croce.
67 »Die Predigt Johannes des Täufers« (ca. 1570) von Francesco Bassano dem
   Jüngeren (1549-92).
68 Der den Markusplatz umschließende Gebäudekomplex.

Gondel, in dem stillen schwarzen Kanal ein eigentümliches Stück Poesie.

Mittwoch (15. Mai 1901)

Sonne. Um 8 Uhr früh nahm ich die Gondel und fuhr zuerst nach der Kirche Spirito Santo: eine einschiffige, freundliche kleine Kirche, flach gedeckt, mit Barockaltären. Schönes Bild: Buonconsiglio, Christus mit zwei Heiligen.[69] Links an der Wand eine hübsche Himmelfahrt Christi, Autor unbekannt.[70] Dann nach der Gesuati[71]: Die Gondelfahrt am sonnigen Morgen ist ganz herrlich. Gesuati ist eine prächtige Kirche in spätem Barock, alles war für das morgige Fest[72] höchst farbig (blau, rot und gold) drapiert. Hier ist die schöne Madonna mit hl. Klara von Tiepolo, eins seiner süßesten Werke.[73] Von ihm auch die Deckenfresken, wie immer brillant und wirkungsvoll. Dann ein Altarbild von Tintoretto, Kreuzigung, das ihn mir wieder lieber macht, im Kolorit sehr glücklich. Dann weiter nach San Sebastiano. Der Gondoliere ist zutraulich, unterrichtet und umgänglich. In San Sebastiano fällt sogleich die Bilderpracht auf. Die von P[aolo] Veronese gemalte, sehr reiche Decke ist wundervoll. Auch Orgelflügel, Chor, Sakristei und drei Altäre haben Bilder von P[aolo] Veronese, der hier begraben liegt und an dessen Grabmal ich stand. Nächst dem Dogenpalast ist dies der beste Raum, seine üppig vollendete,

---

69 Giovanni Buonconsiglio (ca. 1465-1535/37), »Il Redentore tra i Santi Secondo ed Girolamo« (»Der Erlöser zwischen dem heiligen Secundus und dem heiligen Hieronymus«; 1520-30).

70 Francesco Migliorini, »Auferstehung und Himmelfahrt«.

71 Die Dominikanerkirche Santa Maria del Rosario am Giudecca-Kanal, gen. I Gesuati.

72 Christi Himmelfahrt.

73 Hesse meint wohl Tiepolos Altarbild »Maria erscheint den Heiligen Dominikanerinnen Katharina von Siena, Rosa von Lima und Agnes von Montepulciano« (1739/48).

reiche Kunst zu genießen. Die ganze Kirche hat eine einheitliche, gesättigte Stimmung [Goldton]. Auch ein hl. Nicolaus von Tizian ist da, eins seiner späten Bilder, im Kolorit noch reich und schön.[74] Von da fuhr ich nach Carmini.[75] Dreischiffige, langgestreckte Kirche. Cimas »Anbetung«[76] war schlecht beleuchtet, dennoch machte sie mir Eindruck, besonders die zarte schöne Landschaft des Hintergrundes. Tintorettos »Darstellung im Tempel« steht sichtlich unter Tizianschem Einfluß und ist noch frei von den späten Experimenten des Malers. Der schöne Lorenzo Lotto[77] fesselte mich sehr, er ist von weicher Schönheit und sehr fein gestimmtem Kolorit. Der Gesamteindruck auch dieser Kirche leidet unter der [kurzgewölbten] sehr nüchternen Decke. Ich fuhr nach der Piazzetta und bestellte die Gondel auf 1 ½ Uhr wieder, um nach Murano zu fahren. Mein Gondoliere gefällt mir besonders, er ist viel in Italien herumgekommen und spricht sehr deutlich. In San Marco fand ich eine feierliche Kirchenprozession: Der Erzbischof inmitten der Prälaten, deren drei ihm Zipfel und Schleppe trugen. Es waren etwa zwanzig weiße Bischofsmützen, der Erzbischof trug eine gelbe. Vor dem Hochaltar nahmen alle die Mützen ab, nur der Erzbischof behielt ein rotes Käpplein auf. Ich saß bis 12 auf den Stufen und fütterte Tauben. Ein mir bekannter Gassenjunge unterhielt mich. Als ich ausrief: »Schon wieder 12 Uhr!« sagte er ernsthaft den Spruch: »Die Stunden vergehen, und der Tod kommt näher.« [Le ore passano e la morte è vicina.[78]] Nach Tisch um halb zwei fand ich die Gondel warten und fuhr bei heißer glänzender

74 Tizians Altarbild »San Nicola di Bari« (1563).
75 Santa Maria dei Carmini, 1286 erbaute Kirche im Stadtteil Dorsoduro.
76 Cima da Conegliano (um 1460-um 1518), »Anbetung der Hirten« (1509-11).
77 Lorenzo Lotto (1480-1557), »San Nicola in gloria« (»Heiliger Nikolaus und Heilige«; 1527/29).
78 Vgl. Hesses Gedicht mit ebendiesem Titel, S. 165.

Sonne durch die Stadt an Santi Giovanni e Paolo vorbei nach Murano hinüber. Ich kann über diese Fahrt nichts sagen, als daß es etwa das Schönste war, was ich in Italien hatte, eine heiße, sonnig flimmernde, halbverschlafene Träumerstunde auf dem Wasser. In Murano nahm ich einen Kaffee, besah nichts und fuhr bald wieder schön langsam zurück. Den Gondoliere beglückte ich durch ein reiches Trinkgeld und merkte mir seine Gondel. Es war so heiß und ich so faul, daß ich gleich [den] Dampfer nach Lido nahm und dort badete. Das Meer war still und warm, das Bad vorzüglich. Ich redete eine halbe Stunde mit einem der Muschelmänner und ruhte im Sand. Nachher am Markusplatz hielt ich große Taubenfütterung bis sieben Uhr, dann Abendbrot im Cavalletto. Jetzt, um 9 Uhr, ist der Nachthimmel von einer tiefen, fabelhaften Bläue, die es bei uns so nicht gibt. Ich saß bis 10 Uhr mit einer Familie am Flaggenfuß: Mutter, zwei Töchter, wovon eine Witwe mit zwei Kindern, zwei Tanten, die ich alle mit Karamellen stopfte und die so zutraulich und heimelig als möglich waren. Die jüngere hübsche Tochter lehnte, tiefer sitzend, ihren Kopf mit dem venezianischen Haar an mein Knie; mich freute und rührte dieser Schluß eines reichen und schönen Tages, diese Rückkehr zu kindlich freier Natur und harmlosestem Plauderton. Wir aßen unsre Bonbons, sprachen wenig, hörten die Musik und schauten in den schönen Himmel, das Wetter erwägend. Ich fühle schon jetzt, wie ich nach diesen Stunden eines traumhaft wunschlosen Lebens später Heimweh haben werde.

Donnerstag (16. Mai 1901)
Um 9 Uhr fuhr ich zur Akademie. Erst ging ich nebenan ins Istituto delle Belle Arti, dessen zweiter Hof jene klare, schöne Palladiofassade hat [Backstein, anno 1561]. Dann an die Akademie, die aber heute, weil Himmelfahrtsfest, geschlossen ist.

Die Piazzetta, um 1900

Ich ging zurück und fand zu Hause militärische Nachrichten[79], die meine Abreise fordern. Sogleich packte ich meinen Koffer und schickte ihn nach Mailand. Ich beschloß, schon morgen zu reisen, um noch für Verona Zeit zu haben. Vor zwölf Uhr eilte ich zur Piazza, die heute voll festlichen Lebens war. Ich sah noch einmal beim Schuß den großen Taubenflug und die Glockenriesen. Dann Essen im Cavalletto. Nach Tisch begann es zu regnen, damit mir der Abschied leichter würde. Den Nachmittag verbummelte ich um San Marco herum. Von

79 Aufforderung zur Musterung.

5 Uhr an saß ich in der Halle des Dogenpalasts, San Giorgio gegenüber. Es brach ein Platzregen aus, alles flüchtete in die Halle, wo nun ein lustig buntes Leben lange andauerte. Die Lagune färbte sich ganz hellgrün, milchig durchsetzt, viele Gondeln flohen ans Land. Abends im Cavalletto reizende Familientafel von Engländern mit mehreren rotblonden Kindern. Dann Abschied. Ich ging zwei Stunden auf dem Platz und der Piazzetta hin und her, traf im Vorbeigehen meine Familie von gestern, der ich die Hand gab, und konnte mich fast nicht trennen. Ich empfand diesen Abend als meinen Abschied von Italien und nahm ihn nicht ohne Tränen. San Marco, der Dogenpalast, die Lagune, San Giorgio, alles glänzte mir noch einmal ins Auge wie ein schöner seltsamer Traum, dann ging ich bedrückt und still nach Hause.

AUS DEM REISETAGEBUCH VON 1903

Dienstag, 14. April

Gegen vier Uhr [statt 2 ½] kam ich in Venedig an. Windig,
kühl. Ich mietete ein Zimmer [groß, schlecht eingerichtet, bil-
lig] und ging dann voll Erwartung zur Piazza. Der Campanile
fehlt schrecklich.[1] Mein Glaube, der Platz habe an stiller Ein-
dringlichkeit vielleicht gewonnen, war falsch. Doppelt frisch
und kostbar wirkt nun die flotte Piazzetta. Ein Gericht Fritta-
ra Mista[2] im Cavaletto bekam mir übel, auch war dort ein im-
pertinenter Kellner, so daß ich die mir von damals wohlver-
traute Schenke nun meiden werde. Desto besser gefiel mir das
kolossale, in lauter separate winzige Zellen geteilte Weinhaus
von Giacomuzzi[3], wo ich einen Marsala[4] trank und wohin ich
öfters zurückkehren werde.

Mittwoch, 15. April

Früh war es so kühl, daß ich, obwohl schon seit 6 Uhr wach,
erst nach 9 Uhr aufstand. Dann kam die Sonne, der Himmel
klärte sich völlig, und alles wurde plötzlich schön, lebendig
und heiter. Ein stundenlanges Schlendern durch Gassen, Plätze und Winkel heimelte mich mächtig an und brachte mich
in beste Stimmung. Unerwartet geriet ich u. a. auch in den
Kreuzgang von St. Stefano. Das Innere der Kirche schien mir

---

1 Der alte Markusturm war am 14.7.1902 eingestürzt. Der heutige 99 m hohe
   Glockenturm wurde zwischen 1905 und 1912 erbaut. Vgl. Hesses Gedicht
   »Der Campanile von San Marco in Venedig«, S. 128.
2 Frittura mista; hier wahrscheinlich: frittierte Meeresfrüchte.
3 Die Taverne befand sich in der Calle Vallaresso 1337 hinter dem Markusplatz; vgl. Hesses Gedicht »Bei Giacomuzzi«, S. 117.
4 Sizilianischer Likörwein.

Der eingestürzte Kampanile, 1902

diesmal größer und schöner, wohl des bessern Lichtes wegen. Ich nahm unterwegs Kaffee, kaufte ein paar Feigen und bummelte bis gegen Mittag fort. [Dummes Abenteuer mit fetter Wienerin.] Das rege Gassenleben freute mich, auch kam ich durch einige mir noch unbekannte Winkel mit alten, teilweise stark ruinösen Palästen, meist in hiesiger Gotik. Famos war eine ganz enge, fast dunkle Gasse: darüber ein winzig schmales, durch Balkenvorsprünge unterbrochenes Bändchen Himmelsblau, am Ende der finstern Gasse zwei plaudernde Weiber in grellfarbigen Kleidern, Wasser tragend. Gegen zwölf nahm ich ein Glas Vermouth bei Giacomuzzi. Merkwürdig ist meine Wohnung: das ganze große Haus ruinös, Treppe schauderhaft, die Familie unsäglich schmutzig und naiv, die Zimmer riesig, doch nicht hoch. Hier wie in der ganzen Stadt ertönt fast fortwährend einschmeichelnd sentimentaler Mädchengesang. Um 12 ½ Uhr kaufte ich Brot und Eier und fuhr nach Lido. Fahrt windig, klar. Am Lido Gang den ganzen Strand entlang. Das Meer ist vorwiegend hellgrün, mäßig bewegt, herrliche Luft, warme Sonne. Im Sand liegend, nahm ich mein Essen ein; ringsum exerzierten Soldaten, doch verjagten sie mich nicht. Dann lief ich barfuß umher. Das Meer ist noch kalt, zum Fußbaden eben recht. Ich lag lange im warmen Sand, an Wellenspiel und Gebrause verloren; ferne Schiffe schnitten den Horizont. Die graugrasige Düne voll von Eidechsen. Ich lief die ganze Insellänge zu Fuß ab: endlose Gemüsegärten, Spalierobst, etwas Wein. Es ward heiß, und ich kam sehr müde zum Vaporetto zurück. Schöne Heimfahrt, Abendsonne. Geldkarte an Drasdo.[5] Merceria-Bummel.[6] Zum Abendessen kaufte ich Brot, Schinken und Butter und ging damit in meine Zelle bei Giacomuzzi, wo ich nun am kolossalen quadratischen Eichentisch bei vorzüglichstem alten Chianti meine Brötchen esse und dies schreibe. Nebenan ein Matrose mit seinem Schatz. Auf dem Lido bettelte mich ein Junge an, ich gab ihm einen griechischen Soldo [non va][7], er reklamierte entrüstet, wollte ihn, da ich ihn zurücknahm, aber doch wiederhaben. Das Meer war von der hinteren höheren Düne aus grandios; der Anblick lohnte den ermüdenden Gang reichlich. Im frohen Vorbewußtsein der Katerlosigkeit betrank ich mich bei Giacomuzzi nur wenig und hatte Mühe heimzukommen.

5   Otto Drasdo (1862-1939), mit Hesse befreundeter Buchhändler in Basel.
6   Einkaufs- und Flaniermeile zwischen Rialtobrücke und Markusplatz.
7   Ital.: »(Das) geht nicht.«

Donnerstag, 16. April

Diese Nacht hatte ich einen Traum: Ich ging in einer stillen Gasse, da hängte sich, aus einer Seitengasse kommend, eine kleine sanfte Frau an mich und bat mich flehentlich, ihr zu sagen, ob man den im Examen fungierenden Pedellen[8] Trinkgelder geben müsse [offenbar war ihr Sohn Student und saß im Examen]. Die Frau glich an Gestalt, Gang, Stimme und Kleidung so sehr meiner Mutter, daß ich ihren Arm nahm und sie auskunftgebend freundlich durch die Straßen führte. Dabei hatte ich das beglückende Gefühl, neben meiner Mutter selber zu gehen, und als die Frau schließlich danke sagte und weggehen wollte, war mir, als verlöre ich die Mutter zum zweitenmal[9], doch konnte ich ihr nichts sagen, sondern brach in Tränen aus. Dann erwachte ich. – Früh Bummel durch die Merceria, Kaffee, Gang über den Rialto und durch Transkanalien. Die Calle Madonnetta hat reizenden schlichten Torbogen mit Wappenschild. Das träge Gassenbummeln ohne Ziel ist wohl die beste Methode für Venedig; man sieht dabei mehr als beim Gondeln. In der Nähe der [Santa Maria Gloriosa dei] Frari kaufte ich ein paar Schuhe [6 Fr.] und ließ die alten zum Sohlen dort. Vor der Scuola di San Rocco belagerten mich drei Buben mit Anerbieten, Betteln und Radschlagen. Ich trat in die Frari und besah die Pesaro-Madonna, die leider schlechtes Licht hat und durch davorstehende hohe Kerzen entstellt wird. In und außer der Kirche Gerüste und Restaurationsbauten. Auch sonst ist wenig zu sehen, in der Sakristei sind die Bilder weggenommen, und überall wird geflickt und restauriert. Im Kirchlein San Simeon Profeta sah ich einem Leichengottesdienst zu [Menschenmenge, viel Kerzen, Knabengesang]. Entzückend altes, baufälliges Kirchlein San Giovanni Decol-

8 Hier: organisatorische Hilfskraft an der Universität.
9 Hesses Mutter war ein Jahr zuvor, am 26.4.1902, gestorben.

lato [venezianisch: Zan Decolà][10] mit Brunnenplatz davor. Um 12 Uhr Essen in der Città di Firenze[11] [gut, doch nicht billig]. Kurze Rast zu Hause, dann Fahrt nach Lido, wo ich barfuß lief und trotz rauhen Windes meinen Seehundsgelüsten frönte, d. h. verdauend, rauchend und gedankenlos im Sande lag. Später, als ich eben einen windstillen Grasplatz an der Düne gefunden und mich dort ausgestreckt hatte, begann es leise zu regnen. Ich mußte bald weichen und schlenderte den lächerlich harmlosen, idyllischen Grasweg innerhalb der Düne zurück. Wenn das Meeresbrausen nicht wäre, könnte man dort glauben, etwa bei Binningen[12] zu sein. Rückfahrt. Dann saß ich eine Stunde in San Marco, im dunkelgoldigen Schatten, ausruhend und dem malerischen Glanz der schönräumigen, warm farbigen Kirche hingegeben. Zu Hause wohnten meiner Lokussitzung beide Bambini[13] der Hausfrau mit großem Interesse bei. Ausgehend fand ich nasse Straßen und Regen. Ich setzte mich in die Loggia des Dogenpalastes, die Lagune sah im Regen samt Himmel und Inseln delikat mattfarben aus, ein feiner, etwas trister, aber aparter Anblick. Um 7 Uhr ging ich zu Giacomuzzi, trank famosen süßen Cypernwein [fein und enorm billig] und bummelte dann eine Stunde in den Prokurazien. Platz und Piazzetta sahen in der Regennacht malerisch aus: schwarzer Himmel, stark vortretende Marmorfarbe, in reinem nassen Pflaster zahlreiche Laternenlichtspiegel. Der Hauptschmuck der Promenade sind die Frauen und Mädchen aus dem Volk; durch Frisur und Schultertuch geben auch die häßlichen von hinten oder ferne einen edelschönen Anblick.

10 San Zan Degolà; Johannes dem Täufer geweihtes, heute russisch-orthodoxes Kirchlein aus dem 8. Jahrhundert im Stadtteil Santa Croce.
11 Das Restaurant befand sich in der Calle del Ridotto 1355 hinter dem Markusplatz.
12 Im Birsigtal bei Basel.
13 Ital.: »Kinder«.

Ich sah ein paar große Schönheiten darunter. Zum Schluß Kaffee. Zu Nacht hörte ich vom Fenster aus nahe eine gute Truppe spielen und singen, mindere Musik, doch temperamentvoller Vortrag. Namentlich feurige Geiger. Besonders heimelte mich ein flottes, fideles Stück an, das ich oft von der Italienertruppe am Luzerner See gehört hatte. Frauenstimmen virtuos, doch grell und kalt.

Freitag, 17. April
Die Nacht war scheußlich und völlig schlaflos. Sturm und Regen tobten entsetzlich, nebenan war Musik, im Hause selbst Kindergeschrei, Streit und Lärm die ganze Nacht. Das Beste aber kam morgens. Gegen 9 Uhr, ich lag noch im Bett, polterten Männerfäuste an meine Tür und [es] wurde stürmisch Eintritt verlangt. Wütend stand ich auf und kam halbangekleidet auf den Korridor. Etwa zehn Männer waren da und erklärten mir, ich müsse sofort das Haus verlassen, es sei »in sfratto«[14]. Andere Mieter fluchten, lachten, heulten durcheinander, ein armes, um sein Mietgeld betrogenes Weib jammerte und weinte, die Wirtin war in Furie und führte Szene um Szene auf, ihre Kinder standen weinend mit Bündeln in der Hand da. Um jenes arme Weiblein nicht zu schädigen, verzichtete ich darauf, um mein vorausbezahltes Mietgeld zu klagen, fluchte aber auf deutsch und italienisch wacker mit. Das Haus war voll Getöse, Elend und Skandal. Schließlich wurden wir alle bei strömendem Regen und heftigem Sturm auf die Straße gesetzt. Ich flüchtete zu Giacomuzzi, bat ihn, mein Gepäck zu verwahren, und ging nun im Kampf mit dem wütenden Wetter eine neue Wohnung suchen. Nach mehreren Fehlgängen wandte ich

14 Ital.; i. S. v.: »Es wird zwangsgeräumt.«

mich an das Haus, in dem ich vor zwei Jahren wohnte[15], und fand dort mein altes Zimmerchen wieder. Gang zur Post. Zu meinem Erstaunen kannte mich die alte Hauswirtin sogleich wieder und redete mich mit Namen an. Nach kurzer, durch Lärm gestörter Rast ging ich, um wenigstens irgendwo still und trocken zu sitzen, nach San Marco und saß dort in der Dämmerung bis 3 Uhr. Dann floh ich fröstelnd zu Giacomuzzi, trank Kaffee, Alkermes [sehr süßer Schnaps][16] und Cyprer, aß Biscotti[17], rauchte und verduselte die Zeit. Man sagte mir, das heutige Unwetter sei ein Sturm, der gewöhnlich drei Tage daure. Nachträglich erfuhr ich auch die Ursache des heutigen Skandals: Meine Wirtin wurde einfach samt ihren Aftermietern rausgeworfen, weil sie die Miete nicht zahlen konnte. Ich verlor etwa 15 Lire dabei. Vom Wein weg bummelte ich im Regen herum, die Riva lang, am Arsenal[18] vorbei und durch das ganze arme Viertel, wo zwischen elenden Spelunken noch ein paar gute Palästchen und Kirchlein stehen. Abendessen 6 Uhr in der Trattoria Orsetta am Frariplatz [köstliche Bohnensuppe, guter Wein von Verona]. Behagliche Stammgäste, von deren Gespräch ich fast nichts verstand. Der weichliche Dialekt fiel mir hier besonders auf [statt formaggio – formaio[19], auch das R kaum gesprochen]. Zu allen heutigen Abenteuern kommt eine zunehmende Erkältung [das linke Auge tränt ewig]. Doch halte ich einen Rest von Galgenhumor aufrecht.

---

15 Hesse bewohnte damals in der Fondamenta della Fenice 2551 eine Stube bei Frl. Hüller.
16 Alchermes, italienischer Likör, dessen Name auf den roten Farbstoff Kermes zurückgeht.
17 Ital.: »Kekse«.
18 Schiffswerft im Stadtteil Castello.
19 Ital.: »Käse«.

Altar mit der heiligen Barbara und Heiligen von Jacopo Palma il Vecchio

Samstag, 18. April

Gute Nacht. Wetter noch schlecht, doch weniger dunkel und windig. Der Hof des Dogenpalastes machte mir diesmal einen geringen, zwiespältigen Eindruck. Auch dort wird restauriert. Ich schlenderte nach Santa Maria Formosa, wo die Barbara mit vollem altem Zauber wirkt.[20] Die unsäglich weiche, milde Färbung des Hauptbildes [ganz mattrotes Kleid, blasser Himmel, goldene Fleischtöne] tut unendlich wohl. Weiter zum herrlichen Colleoni, wo etwas Sonne. In Santi Giovanni e Paolo zogen mich die Grabmäler Merenigo [links vom Portal][21] und Vendramin wieder am stärksten an, das erste schlicht, edel und mir besonders lieb. Beim Austritt auf die Fondamenta Nuova lag plötzlich die ganze Kette der Schneeberge klar und schön vor mir. Der Venezianer sagt Ghioia statt Chioggia. Ich fuhr nach Murano, traf unterwegs den jungen Apotheker, bei dem ich gestern Schlafpulver gekauft, und schloß Bekanntschaft mit ihm. Er ist Florentiner, wir sprachen von Florenz, und er schimpfte auf Venedig. Wir spazierten durch Murano, aßen kalt zu Mittag, dann kehrten wir zurück und trennten uns. Er lud mich morgen abend 10 ½ Uhr zu sich ein. Ich durchbummelte die Gassen von der Frari [Kirche] bis zur Station und kehrte im Vaporetto heim. Abends nach Lido: schöne Fahrt, gelbe Abendfarben, Lagunen silbern, die Berge klar und rein. Meer köstlich, herbkühle Luft, einige Schneegipfel noch rosa sonnig. Raffinierte Farbenkombination: silberiggelber Sand, graugrüne Düne, weißlichgrünes schaumiges Meer, mild graublauer, da und dort grünlicher Himmel, kupfern angehauchte blaue Wolkenbänke, einige ferne, noch

---

20 Das Hauptwerk von Jacopo Palma il Vecchio (um 1480-1528), ein Polyptychon aus dem Jahr 1515.

21 Grabmal (1500-22) des Dogen Giovanni Mocenigo (ca. 1409-85) von Tullio Lombardo.

besonnte Segel mächtig leuchtend. Himmelsspiegel im nassen Sand nach Ablauf jeder Woge. Zur Heimfahrt kam noch schwer gelb die Sonne heraus, die Fernen waren fast unnatürlich klar, die Lagune unruhig. Schöner Sonnenuntergang. Abends bei Giacomuzzi, wo ich viel Cyprer trank.

Sonntag, 19. April
Klar, Sonne, doch viel Wind. Auf der Piazza sonntägliches Leben, Fahnen, Soldaten, Landvolk. Bummel. Eine Stunde im Dogenpalast, wo ich trotz müder Augen meine Freude am süßen Kolorit der Veronese-Bilder habe. Auch hier Änderungen, Gerüste etc. 12 Uhr Essen in feinem italienischen Restaurant, wo zwei hübsche Mädchen à la Veronese [Paduanerinnen] in Sonntagsstaat mit Goldschmuck. Stundenlange Postschereien wegen des Geldes. Augen ganz schwach. Auf der Piazza Musik und große Volksmenge. Endlich, nach 5 Uhr, nach vier Fehlgängen, erhielt ich mein Geld [in lauter Gold], und meine Stimmung hob sich sofort um viele Grade. Auf der Post sah ich den blonden Bambino der Casa Fumagalli[22] wieder, doch ohne Mutter. Sonnige Fahrt nach Lido. Köstlicher Abend: hell, kühl, die ganze Linie des Meerhorizontes dunstlos rein und hart, dunkelblau gegen den blassen Himmel stehend. Am Strand Soldaten, die mit einer Radlerin kokettieren: bei aller Freiheit formfein, dezent und poliert. Auf der Heimfahrt unsäglich schöne Abendfarben: Himmel rot und gelb, Berge blau, die Stadt in scharfer Silhouette, Lagune silbern. Mit eingekauftem Käse und Schinken ging ich zu Giacomuzzi, wo großes Leben war. Ich fand an einem Tisch voll junger Venezianer Platz und hatte die Genugtuung, für einen Florentiner gehalten zu werden. Wir kamen ins Geplauder, einer aus der

---

22 Privatunterkunft in der Casa Fumagalli in der Calle del Ridotto 1362 nahe dem Palazzo Giustinian Morosini (hinter dem Markusplatz).

Gesellschaft hatte historische Kenntnisse und verstand mich. Dann kam eine andere Gesellschaft, und ich kam auch mit dieser in freundliches Gespräch. Um halb elf Uhr, nachdem ich schon genug Piemonteser im Leib hatte, ging ich zu den Apothekern, spazierte mit dem einen bis 12 durch die Stadt und saß dann noch mit beiden auf ihrer Bude bei Chianti und schweren Apothekerweinen.

Montag, 20. April
Der Abend bekam mir gut, nur die Augen sind müde. Früh Lidofahrt, Wind, doch prächtiges Wetter. Das Meer glänzend vielfarbig. Ein Fischer beschmutzte mir den Mantel mit Ölfarbe, Zank, Versöhnung etc. Ich promenierte barfuß, mußte zur Siesta aber hinter die Düne flüchten, des Sandwindes wegen. Dort weidete ein Rößlein und war friedliche Stille, ich rastete eine Weile und sah der fleißigen Arbeit eines großen schwarzen Käfers zu. Um 1 Uhr Rückfahrt nach Venedig. Es fällt mir auf, daß ich diesmal fast gar keine falschen Geldstücke erhalte. Schlechtes Essen in kleiner Matrosenkneipe, wo man mich für einen böhmischen Glasbläser hält. Um 2 Uhr Abfahrt nach Chioggia. Mächtiger Wind. Unterwegs ein Priester, der von Malamocco[23] an von kleinen Mädchen belagert wurde. Von Chioggia sah ich diesmal mehr als damals mit Scherer. Ich strich durch manche Gassen und Kanäle [viele Arkaden, harmloses Fischervolk, Straßenleben, viel alte Kirchen und Häuser, malerische Torbogen]. Fidel war ein schöner alter Torbogen, den ein Schlaumeier zur Hälfte zugemauert und zu einem schmalen Zimmerchen verwendet hat. Von 6 bis 8 Uhr wundervolle Rückfahrt. Bis nach Sonnenuntergang war ich auf Deck, dann trieb mich der kalte Wind ins Innere hinab,

---

23 Dorf auf der Isola di Lido.

wo eine Menge Volk, Harmonikamusik, Rauch und Gelächter war. Ich legte mich auf die Wandbank, öffnete ein Fensterchen und sah nun durch die schmale kleine Luke das nahe Wasser, abendroten Himmel, Inselsilhouetten usw. Die Leute sind überall sehr freundlich, und ich beginne das Venezianische etwas besser zu verstehen. In Venedig kaufte ich Zunge und Butter und ging damit zu Giacomuzzi, wo ich denselben Piemonteser Weißwein wie gestern trank [fein, süffig, erinnert etwas an guten Elsässer].

Dienstag, 21. April
Wetter trüb, Regen drohend. Den ganzen Vormittag bummelte ich an den Zattere usw. herum, betrat die Gesuati [Kirche] [Nonnenbild des Tiepolo][24] und San Sebastiano [Paolo Veronese], sah eine Menge von Gäßchen und Sottoportici[25]. Augen schwach. Gutes teures Essen im Cavalletto. Nach Tisch Lidofahrt. Es ist wenig Wind, schwüle Wärme etc., naßbleiche Sonne. Das Meer ist bei diesem wolkigen Wetter feinfarbig und hat Streifen von einem süßen, hinreißend schönen Lichtgrün. Östlich zwei ziegelrote Dreiecksegel am blassen Himmel. Barfußlaufen, Rast im Sand. Augen elend. Besuch des Lido-Aquariums [wenig reichhaltig]. Rückfahrt. Von der Riva aus großer Bummel: Formosa, Giovanni e Paolo, Miracoli, Apostoli, Felice etc. bis San Geremia, von dort im Vaporetto heim. Die reizende kleine [Santa Maria dei] Miracoli[26] entzückte mich besonders. Abend bei Giacomuzzi. Schließlich promenierte ich noch eine Stunde auf Platz und Piazzetta.

24 Tiepolos Altarbild »Maria erscheint den Heiligen Dominikanerinnen Katharina von Siena, Rosa von Lima und Agnes von Montepulciano« (1739/48).
25 Ital.: »Durchgänge, Lauben«.
26 Vgl. S. 76.

Mittwoch, 22. April

Schlechte Nacht mit wenig Schlaf. Wetter wolkig, weich, dem Regen nah. Gang an die Zattere. Fahrt zur Giudecca, die ich ganz durchschlenderte: schmale Gäßchen, Fischerkanäle, ziemlich viel Gärten, Bäume. Gutes Essen bei Alberetti [Akademia][27], Fische teuer, sonst billig. Nach Tisch Lido. Starker Wind, Meer ist stürmisch schön, weit hinaus schaumweiß. Fußbad und kurze Siesta. Rückfahrt bis zum Rialto, von da zur Piazza, wo Konzert. Es beginnt leise zu regnen, ich versaß den Nachmittag meist in der Halle des Dogenpalasts, mich am Gedränge der nassen Passanten belustigend und die bei Regen stets köstlich zartgefärbte, grünsilberne Lagune betrachtend. Es war eine Reisegesellschaft da, die gleich einer Herde an den »Sehenswürdigkeiten« vorübergetrieben wurde. In den Prokurazien mächtiges Gedränge. Abends bei Giacomuzzi. Den ganzen Tag war ich in Gedanken mit dem Plan einer venezianischen Novelle beschäftigt: ein Zwerg [klug, verbittert, schwermütig] verliert durch die Grausamkeit seiner Herrschaft [Haus Loredan] sein Hündchen und vergiftet zur Rache Frau und Liebhaber, nachdem er sie auf einer Gondelfahrt nach einem angeblichen Liebestrank durch eine Erzählung lüstern gemacht. Er selbst aber muß, der Liebhaber will es, vorkosten und stirbt mit. Einkleidung grotesk und farbig.[28]

Donnerstag, 23. April

Schon die ganze Nacht war lauter Sturm, und der Tag begann so stürmisch mit Brausen und Regnen, daß ich fast bis 11 Uhr liegen blieb. Dann ging ich abschiednehmend über Platz und

---

27 Der Name des Lokals verdankt sich den Bäumchen (»alberetti«), die entlang Rio Terrà Foscarin gepflanzt wurden, als der Kanal Ende des 19. Jahrhunderts zugeschüttet und in eine Straße umgewandelt wurde.

28 Siehe S. 167ff.

Piazzetta, wartete das Mittagschlagen der Glockenriesen ab, bummelte in den Prokurazien etc., ging auch noch auf ein Glas Vermouth zu Giacomuzzi. Dann nach Hause, wo ich packte, zahlte etc. Abfahrt 2 Uhr. Lagune düsterschön. Landeinwärts klärte sich der Himmel, die Fahrt an den schönen, regenblauen Bergen hin war wundervoll.

ANKUNFT IN VENEDIG

Du lautlos dunkler Kanal,
Verlassene Bucht,
Uralter Häuser graue Flucht,
Gotische Fenster und maurisch verziertes Portal!

Von tiefem Traum besiegt,
Vom Tode eingewiegt
Schläft hier die Zeit
Und alles Leben scheint so weit, so weit!
Hier will ich ganz allein
Durch alte Gassen gehn,
Bei Fackelschein
An Gondeltreppen stehn,
In blinde Fenster sehn,
Bang-glücklich wie ein Kind im Dunkeln sein.

(1903)

BUMMELTAG

Paläste stehn wie Perlen aufgereiht
An einem gold und blauen Wasserband –
Ich seh' es nicht. Die Stirne in der Hand
Sitz ich und träume von der Kinderzeit.
Da war ein Bilderbuch mein größter Schatz
Und in dem Buche war der Markusplatz,
Rialto und Ca' d'Oro. Und beglückt
Saß ich so manchen Sonntag drauf gebückt,
Die Bilder mit dem Pinsel überfahrend
Und Blau und Gelb und Rot und Gold nicht sparend,
Oft ungewiß, was Land, was Wasser sei,
Doch immer stolz auf meine Malerei.
Nun schreck ich lächelnd auf. Die Barke hält.
Noch halb im Traume geb ich Schiffergeld,
Geh über'n Steg und wandle durch die Stadt,
Die nimmer meine Kinderfarben hat.
Dort eine Galerie, verwittert und verblichen,
Das hätt ich froh mit Purpurrot gestrichen,
Hier eine Kirche kümmerlich und alt,
Ich hätte sie mit Blau und Gold bemalt.
Und doch steht alles schöner, größer da
Als jemals es mein Kinderauge sah.
Nachsinnend denk ich mir mit halbem Schmerz:
Wieviel gemalt hab ich auch anderwärts!
Wie bunt und prahlend hab ich mir erschafft
Ein Dichterbildnis meiner Pilgerschaft,
Und sehe täglich nun mit stiller Scham,
Wie falsch es war, wie anders alles kam.

Anfangs war ich enttäuscht. Nun seh' ich ein,
Daß leben besser ist als Dichtersein.
Wie anders gehen mir die Tage hin,
Seit ich in jedem seinen Wert und Sinn
Erfüllen will, statt ihn mit farbenreichen
Und knabenhaften Träumen zu vergleichen!
Nun mag es sein, daß mählich mit der Zeit
Doch noch ein Dichterwerk aus mir gedeiht,
In dem das Leben, hält er ihm nur still,
Sich spiegeln, formen, weitergeben will.

(1902)

DER ABENTEURER

Mein Herz ist müd, mein Herz ist schwer;
Ich habe Sehnsucht nach dem Meer.
Ich habe Sehnsucht nach der Glut
Der violetten Abendstunde,
Die lodernd auf den Wellen ruht
In einem süditalienischen Sunde.
Ich habe Sehnsucht nach den blauen
Sternhimmeln der Lagunennacht,
Nach der Kanäle welker Pracht
Und nach Venedigs schönen Frauen,
Nach welscher Schifferlieder Sang,
Nach frechen, dunklen, sturmbedrohten
Fahrten in schwanken Schifferbooten
Und nach der gellen Brandung Klang.
Deutsch und beklommen schwelt die Luft
Der Stadt um mich – o wieviel Tage
Und Jahre, die ich ohne Duft
Und Klang und Farbe hier verklage!
Indessen rollt und rollt die Zeit –
Wie einer fernen Warte Feuer
Glänzt mir herüber jahreweit
Die bunte Welt der Abenteuer,
Versunken ohne Wiederkehr
In Trauer, Traum und Dunkelheit ...
Mein Herz ist müd, mein Herz ist schwer;
Ich habe Heimweh nach dem Meer.

(1901)

113

REISELIED

Sonne, leuchte mir ins Herz hinein,
Wind, verweh mir Sorgen und Beschwerden!
Tiefere Wonne weiß ich nicht auf Erden,
Als im Weiten unterwegs zu sein.

Nach der Ebne nehm ich meinen Lauf,
Sonne soll mich sengen, Meer mich kühlen;
Unsrer Erde Leben mitzufühlen
Tu ich alle Sinne festlich auf.

Und so soll mir jeder neue Tag
Neue Freunde, neue Brüder weisen,
Bis ich leidlos alle Kräfte preisen,
Aller Sterne Gast und Freund sein mag.

(1911)

WIEDER IM SÜDEN

Kühler Gassen enge Schattenkluft,
Meerkristall und heiter-helle Luft,
Silberbäume wehn in strengen Gärten.
Kindermenschen treiben Markt und Kram,
Armut sonnt sich frei und ohne Scham
An den Mauern bei den Goldlazerten[1].

Alles, wie ich's graue Monde lang
Mir gemalt in Sehnsucht, Traum, Gesang,
Alles heiter und dem Glück erschlossen;
Gastlich wölben Bogen sich in Reihn,
Südfrucht duftet herb und roter Wein,
Prahlerisch im Überfluß vergossen.

Drüben überm weißen Bergesrand
Sucht mein Herz das ferne Vaterland,
Kühles Reich der Wolken und der Winde.
Nimmer wird der süße Süden mein,
Nimmer läßt das Paradies mich ein,
Nimmer wird der Mann zum Kinde.

(1915)

---

1   Eidechsen.

GONDEL

Bläue über dir und Sonnenglut,
Unter dir die ewig stille Flut,
Auf dem schlanken, leichtbewegten Kiel
Trägst Saitenklang und Liebesspiel.

Schwarz und ernst sind deine leichten Wände.
Süß, solang das frohe Heute loht,
Süß und seltsam ist der Traum vom Tod,
Von der Jugend und der Liebe Ende.

Meine jungen Jahre gleiten
Unbekannten Zielen zu
Durch beglänzte schöne Weiten,
Schlanke Gondel, rasch und leicht wie du.

(1907)

BEI GIACOMUZZI

Zuweilen freut es mich, still und allein
In kühler Stube ruhevoll zu zechen,
Mit einem alten, liebgewordenen Wein
Ein gutes, treues Freundeswort zu sprechen.

Dann wünsch' ich hoffend mir die Zeit herbei,
Da mir und meiner Pilgerfahrt auf Erden
Doch noch einmal, ob es auch in Schmerzen sei,
Der reinen Reife Tage kommen werden.

Dann aber sei ein Freund mir auch beschert,
Der meines Lebens überfüllten Becher
Mit dankbar schonendem Genusse ehrt,
Dem reifen Wein ein ebenbürtiger Zecher.

(1902)

SCHERZGEDICHT ZU EINER ANSICHTSKARTE AUS VENEDIG

Wie liegt so schön und interessant
Die Stadt an der Lagune Rand!
Doch erst wenn sie im Mondlicht prunkt,
erreicht sie ihren Höhepunkt.

(1911)

DIE VENEZIANISCHE GONDEL

Wie ein Lied, zur Dämmerung gesungen,
Treibst du still, vom Tage müd gemacht,
Wiegst dich leicht und gleitest schöngeschwungen
Milden Taktes in die warme Nacht.

Deiner schlanken Form Geheimnis liegt
Weit zurück, von Sagenduft umfangen,
Spielerisch ins Heute hergewiegt
Aus den schönern Zeiten, die vergangen.

Aus dem namenlosen, schweren Sterben
Der versunkenen Vergangenheit
Wird sich deine Bildung stets vererben,
Rätselhaft und schön und unentweiht.

Späte Gäste wirst du noch entzücken,
Wenn nicht Kirche noch Palast mehr steht,
Und die trauernde Lagune schmücken,
Bis die Stadt Venedig untergeht.

(1911)

CHIOGGIA

Wetterbraune, dichtgedrängte Fassaden,
Marienbilder in verborgnen Nischen,
Wasserspiegel und träge Gondeln dazwischen
Und breite Barken mit braunen Fischern beladen.
Überall aber, auf jeder bröckelnden Mauer,
In allen Gassen, auf Treppen und in Kanälen
Liegt eingeschlummert eine verzweifelte Trauer
Und will von vergangenen Zeiten erzählen.
Leise geh ich und mit verborgnem Schrecken
Über die Fliesen – ängstlich, ich möchte sie wecken.
Wenn sie erwachte! Ich könnte nimmer entrinnen!
Eilend schreit ich vorbei und suche den Hafen,
Suche das Meer und ein reisendes Schiff zu gewinnen.
Hinter mir zögern traurig die Gassen und schlafen.

(1902)

WELLE

Von meiner Fackel rauhem Licht geweckt
Glänzt eine schmale Welle flüchtig her,
Schwillt purpurlodernd aus der Schwärze, leckt
Am Bug empor – erlischt – stirbt sanft im Meer.
Es war ein Augenblick. Mir aber drang
Ein Bilderschwall mit stürmisch jähem Glanz
Vors Auge: einer Siegesfeier Tanz,
Ein Seegefecht, ein Mord, ein blutig Haupt,
Ein trunkenes Volk in Glückesüberschwang,
Ein Königreich mit frechem Streich geraubt,
Ein kluger ränkevoller Rat, ein Meer
Von Blut, von Gold, von Freude, und ein Heer
Von ruhmbekränzten Seligen ... Und nun?
Es war ein Augenblick. Die Toten ruhn.
Die Gassen liegen schlafend in der Nacht
Zu schattenhafter Ewigkeit verdammt,
Und lang ist Kriegsgeschrei und Ruhm und Pracht
Spurlos wie meiner Fackel Rot verflammt.
Mitleidig malt im Weitergehn die Zeit
Den alten Marmorhof mit goldenem Braun
Und legt mit spöttischem Ernst den blassen Frau'n
In altehrwürdigen Faltenwurf das Kleid,
Ahmt der Ca' d'Oro goldgeschmücktes Dach
Mit falbem Mondeslicht ironisch nach
Und stößt in unvergessener Helden Grab
Gleichgültig auch die Heutigen hinab.

Aufschreckend werd' im Dunkel ich gewahr
Ein still vorübertreibend Nachenpaar,
In einem Nachen Sie, im andern Er,
Und mit verlorenem Flüsterklange zieht
Ein uralt Venezianisches Liebeslied
Leis, leis gesungen flatternd hinterher.
Seltsame Stadt! Ihr Leuchten ist verloht,
Ihr Ruhm dahin, und doch ist sie nicht tot.
Sie birgt in Fall und Trümmer ewig fort
Des seligen Giorgione Liebeshort,
Die weiche Kunst des Werbens, den Genuß
Des kurzen Heute, der enteilenden Frist,
Des Meisterin sie war und heut noch ist.
– Du Schmeichlerin, es sei! Um einen Kuß,
Um einer Locke Weh'n, ein Wort der Gunst
Treib ich das rasche Ruder durch die Nacht;
Der schönen Stunden Kreis sei hingebracht
Im Dienst der holdesten, der Liebeskunst.
Schlank streift mein Nachen den Kanal entlang
Der Riva näher, wo Gitarreklang
Herüberlockt – nun heißt es leis geschwommen.
Mein Boot knirscht an. Ihr Mädchen, seid willkommen!

(1902)

VENEDIG

Ein Frühlingsabend. Meine Gondel sucht
Mit halbem Rauschen ihre leisen Wege
Durch der Kanäle dämmernd enge Flucht.
Ich wiege mich im weichen Sitz und lege
Den Arm ausruhend auf den schmalen Bord,
Indessen meine Seele süß verwirrt
Nach einem neu geahnten Zauberwort
Sich müde sucht und ganz in Traum verirrt.

Dennoch nicht rasten will ich und nicht weitergehen,
Eh' ich auch dieses Zaubers Kern erkannt,
Dem schönen Wunder auf den Grund gesehen
Und seinem Räsel Ziel und Lösung fand.
Dann aber wird von unsagbaren Dingen
Mein Mund zu sagen wissen und zu singen.

(um 1901)

Tizian, Porträt des Pietro Aretino

DER ARETINER

Hast du vom Aretiner nie gelesen?
So will ich dir erzählen! Jener war
Ein Mächtiger, von Ruhm umbrandet und Gefahr,
Aus Gut und Schlecht gemengt ein dunkles Wesen.
Ich sah sein Bild im Pitti zu Florenz:
Breitbrüstig, braunen Barts, mit Stiergenick,
Des reichen Schmuckes prahlerisch Geglänz
Besiegt mit dunkelm Blitz sein Rätselblick.
Kein Venezianer, nein! Doch lebenslang ein Gast
Der schönen Stadt. Kein Garten, kein Palast,
Wo er nicht heimisch war bei Schmaus und Spiel,
Der Fremde, der den Weibern wohlgefiel
Und den die Männer haßten wie die Pest.
Er lebte fröhlich, schmückte jedes Fest
Mit schmeichlerischem Reim und trunkner Lust,
Drauf schrieb er nächtens bei der Kerze Schimmer
Geheime Briefe im verschlossenen Zimmer
Voll Lug und Gift und bösen Zauberein,
Der Satan stand dabei und blies ihm ein.
Das war ein Mensch! In seiner breiten Brust
Klang einer Liebesleier süß Getön
Weich und berückend wie der laue Föhn,
Und klang gemeiner Bosheit feiles Wort
Bereit zu Lüge, Treuebruch und Mord.
So war der Aretiner, sagt man. Doch mir deucht,
Er hat ein anderes Gesicht vielleicht.
Ich seh' ihn, wie er in Muranos Gärten
Den Liedern nachsinnt, die ihn schmücken werden

Mit ewigem Ruhm – und die er niemals schrieb!
Ich seh' ihn nächtelang, bleich wie ein Dieb,
Die Stirn in eine heiße Hand gestützt,
Wie er bei offnen Fenstern einsam sitzt
Und schweren Herzens in das Dunkel schaut,
Das rätselvoll auf der Lagune blaut.
In tiefem Leiden glüht sein trüber Blick,
Er schaut sein Leben – ein verirrt Geschick,
Verstümmelt und im Innersten entweiht.
Und um sich fühlt er der Verbannung Leid,
Und fühlt, wie er, ein heimatloser Geist,
Um fremder Herde Licht vergebens kreist
Mit hoffnungslos verirrten Flügelschlägen.
Er lächelt dunkel: »Dem Geschick entgegen
Kämpft nur ein Narr!« Nimmt Mantel und Barett
Und läuft zu einem üppigen Bankett.
In hohen Gläsern lacht mit klarem Glanz
Goldgelber Griechenwein; verschüttet rinnt
Er auf brokatene Decken aus Byzanz,
die breit gesäumt mit roten Spitzen sind.
Man achtet's kaum – der Aretiner spricht!
Mit breiter Fratze grinst sein heiß Gesicht
Im Ampelglanz; man lacht, man ist berauscht
Von seiner Rede, deren Wirbelwind
Frech über Heiliges und Böses rinnt
Und jedes ernste Wort mit Zoten tauscht.
Er ist im Zug – nun leert er rasch sein Glas,
Spricht hastig weiter, lästert ohne Maß,
Krönt jede giftige Rede Blitz auf Blitz
Mit einem schamlos frechen Gassenwitz,
Steht auf – lacht zügellos – schwankt zitternd – fällt
Vornüber auf sein Glas, das schrill zerschellt –

Und ist verendet, eh' der Zecherkreis
Sein roh Gelächter zu bemeistern weiß.
– Was mehr? Nichts. Er war tot. Sein Glanz
War schneller welk als einer Dirne Kranz.
Von seinem Leben, das so fieberwild
Und seltsam war, blieb uns sein Name nur
Und in Florenz sein sonderbares Bild,
Darin des Geistes tiefgefurchte Spur
Auf eines Wüstlings Stirne den Beschauer
Mit Scham erfüllt und rätselhafter Trauer.

(1904)

DER CAMPANILE VON SAN MARCO IN VENEDIG

Bartolomeos Turm[2] wird heut gekrönt,
Die Menge füllt den Platz, ihr Jubel tönt
Mit geller Lust in immer neuem Chor
Zur hohen, lichten Galerie empor.
Und brausend wird der Glocken Stimme laut.
Bartolomeo, der den Turm erbaut,
Genießt der Höhe wundervolle Schau;
Den Platz, den Dom, die Stadt und weithin
Der Berge und des Meeres tiefes Blau
Und fernster Horizonte Silberschein.
Ihm füllt der Menge lautgewordne Lust
Mit hellem Siegerblick die starke Brust:
»Mein Turm ist fest, ist hoch, ist stark gebaut,
In fernsten Tagen noch den Stürmen anvertraut,
Und gleicht die Nacht Venedigs seinen Mauern,
So muß die Ewigkeit sie überdauern.«

Ein Schwanken – Stöhnen – dann ein jäher Krach –[3]
Und donnernd stürzt dem Kranz der Galerien
Der schwere Riesenhelm zermalmend nach.
Von Staub umwölkt, von scheuem Volk umschrien,
Umflirrt von wirrer Taubenfüße Sturm,
Neigt sich und geht zur Rast der alte Turm.
Die Tauben schwirren eine Weile fort

---

2 Bartolomeo Bon (ca. 1404-64/67), einer der herausragenden Bildhauer
   und Baumeister Venedigs, zwischen 1511 und 1513 mit der Fertigstellung
   des Campanile in seiner heutigen Gestalt beauftragt.
3 Der Glockenturm von San Marco ist am 14.7.1902 eingestürzt.

Und suchen anderwärts sich Sitz und Hort:
Das Volk beschaut, bestaunt, beklagt den Bau,
Und schwelgt beklommen in der Trümmerschau.
Ein tiefes Grauen greift in jedes Herz;
Wie einem lieben Toten klagt der Schmerz
Der Menge dem gestürzten Riesen nach.
Er, der so stark von großen Tagen sprach,
Liegt nun im Staub. Und jene goldene Zeit,
An die er mahnte, jene Zeit voll Glück
Und Ruhm und Glanz sank tiefer noch zurück
Ins Dämmerdunkel der Vergangenheit.

So fühlt das Volk. Wie eine Vogelschar
Die sturmzerstörten Horste scheu umkreist,
Irrt es erschrocken, klagend und verwaist
Um die Loggetta, die sein Liebling war.
Wie war sie zierlich, reich, von Kunst geschmückt,
Mit ihres Gitters anmutvoller Schranke,
Der eines Meisters leuchtender Gedanke
Das Siegel zarter Schönheit aufgedrückt!
Nun liegt sie öd, in Trümmer hingestreckt,
Ein quälend Bild, gebrochen und geschändet,
Von Schutt und Staub mitleidig zugedeckt.
Die Menge schaut und schweigt voll Schmerz und wendet
Sich zögernd weg zum nächsten Gotteshaus –
Dort bricht ihr Leid in laute Tränen aus.

(1902)

MEERMITTAG
Malamocco

Das ist so süß wie Traum und Tod:
Von Glut und Stille müd und schwer
Zu ruhn in einem Fischerboot
Im herben Duft von Salz und Teer.
Der kurzen Pfeife Wolkenspiel
Folgt lang das Auge ohne Ziel,
Bis es gebannt und müde ruht
In blauer Mittagssonnenglut.
Da segeln hoch in stetem Ziehn
Die weißen, losen Wolken hin,
Fernher mit kaum gehörtem Pfiff
Gibt Kunde seiner Fahrt ein Schiff.

Die Flut in träumerischem Spiel
Verlecht mit dumpfem Laut am Kiel;
Das schlaffe Segel feiert leer
Die Netzeschnur schleift hinterher.

Und alles, was dich sonst bewegt,
Und alles, was in Glück und Weh
Dir irgendwann das Herz erregt,
Ruht tief und schlummert in der See.
Dein Herz, so wild es sonst gebrannt,
Wird wieder still, wird wieder Kind
Und ruht wie Sonne, Meer und Wind
In Gottes Hand.

(1902)

LAGUNE

Von keiner starken Welle je erreicht
Mein Leben seltsam der Lagune gleicht,
Der farbig hellen Flut, die fern dem Meer
Verhaltnen Taktes schaukelt hin und her.

Die Schätze gold'ner Zeiten spiegeln sich
In ihr, und Lieder, deren Text verblich,
Bewahrt und singt nach alter Melodie
Zu Niemands Lust in warmen Nächten sie.

Paläste liegen welk und sonnverbrannt
Mit gotischen Galerien an ihrem Rand,
Und Kirchen glänzen festlich, reich und alt
Von großer toter Meister Hand bemalt.

Seit langem sind die Prachtpaläste leer,
Dort singt kein Sänger, malt kein Maler mehr.
So bin auch ich, ein Sohn vergangener Zeit,
Das Heute ist mir fremd, nicht lieb noch leid.

Es leben leis die schönern meiner Tage
Sich hin in Poesie, in Traum, in Sage
Und wiegen schaukelnd meine scheue Seele
In schwarzer Gondel über die Kanäle.

(1901)

PIAZZETTA

Wie wenn auf grünem Teppich leise rollt
Ein blanker Münzenschatz von altem Gold,
So glänzt der grünen Wellen sanfter Lauf
In tausend kleinen goldnen Feuern auf;
Dazwischen spielend, von der Flut gescheucht,
Des späten Abends violett Geleucht
Und mitten inne wie ein fürstlich Siegel
Des goldnen Riesenglobus scharfer Spiegel.
Der nahen Inseln Kirchengiebelkette
Starrt blauschwarz auf in strenger Silhouette,
Dahinter schon – man ahnt, doch sieht es nicht –
Des jungen Mondes scheues Silberlicht.
Vom Markusplatz kommt irrend und gedämpft
Musik herüber, die im Winde kämpft,
Bald taktelang mit klarem Ton erklungen,
Bald ganz vom Laut des Wellenschlags bezwungen,
Der wechselnd an die Gondeltreppe tönt
Und oft mit raschem Schaum die höchste krönt.
Was Herbes meine Seele je bedrückt,
Ist hin, ist fern, in Traum und Lied entrückt,
Und was von Not und Qual ich mitgebracht,
Verklingt großtönig in die milde Nacht.
Ein heimlich weiches Wohlsein überschleicht
Mich schmeichlerisch; der Seele Sehnsucht weicht
Und löst sich zart, wie eine Wolke zieht,
Zu reinem Wohlklang auf, zu Traum und Lied.
Der schönen Stunde leicht besiegte Beute,
Nimmt mich in seinen Schoß ein reines Heute.   *(1901)*

GIORGIONE

So müssen Künstler von der Erde scheiden!
Kein Todestag, kein Grab und kein Bericht
Von Alter, Welke, Niedergang und Leiden!
Wie eine Fabel klingt, wie ein Gedicht
Dein Dasein uns herüber: lustverklärt,
Von keines Jammers herbem Duft beschwert.
Vielleicht aus Jugendlust und Leidenschaft
Hat dich die schwarze Pest hinweggerafft,
Vielleicht bei Nacht aus festbekränztem Boot
Hat dich hinabgeholt der kühle Tod!

Wir wissen's nicht. Es blieb uns nichts von dir
Als wenig Bilder, deren süße Macht
Uns ungebrochen in der alten Zier
Zeitlos und unverstaubt entgegenlacht,
Und eine Sage, die mit allem Glanz
Siegender Jugend dein Gedächtnis schmückt
Und auf die schönen Locken dir den Kranz
Geheimnisvoller Liebesabenteuer drückt.
Du hast kein Grab. Dein Dasein war unbändig.
Es welkte nicht. Wir wissen dich lebendig.

(1902)

134

BARCAROLE[4]

Spiegellichter flackern hin und wieder,
Meine Barke wiegt sich breit und schwer
Über der Lagune auf und nieder,
Laut am Lido singt und schreit das Meer.
Meine Segel sind entschlafen
In der warmen Mittagsglut,
Meine Wünsche sind im Hafen
Und mein Ruder ruht.

Starkes, wunderliches Leben!
Meine Stirn hast du versengt,
Stürme hast du mir gegeben
Und mich aus der Bahn gedrängt.
Trotzig hast du mich im Sturm gefunden,
Spottend sah ich dir ins Angesicht;
Doch dem Zauber deiner Feierstunden,
Deiner Koselieder widersteh ich nicht.

Träumend hängt mein Blick am Himmelsbogen,
Wo ein Wolkenflug sich seewärts schwingt,
Träumend lausch ich auf den Chor der Wogen,
Der mir Frieden in die Seele singt.
Meine Segel sind entschlafen
In der warmen Mittagsglut,
Meine Wünsche sind im Hafen
Und mein Ruder ruht.   *(um 1903)*

4 Barkarolen (von »barca«: »Barke«, »Boot«) hießen die Lieder der venezianischen Gondolieri (im %- bzw. ¹%-Takt).

REINE LUST

Ich weiß auf Erden keine reinere Lust
Als still zu ruhen an der Erde Brust,
Auf heißer Mauer an bestaubten Wegen,
Wenn über mir das tiefe Blau sich dehnt
Und einem ungekannten Glück entgegen
Mein Wunsch sich leise und mit Lächeln sehnt.

Ich weiß nur eine, die mich gleich erfaßt:
Auf einem schmalen Ruderbrett mich wiegen,
Wenn ringsrum leuchtend in der Mittagsglast
Die Weiten eines blauen Meeres liegen
Und fern ein Schiff das weiße Segel regt,
Das meine müde Sehnsucht heimwärts trägt.

(1902)

MELANCHOLIE
Auf der Gräberinsel bei Venedig

Wie rinnt die schöne Zeit mir aus der Hand!
Einsamer Schiffer fahr' ich durch die Tage,
Durchmesse mit verschwiegner Sehnsucht Frage
Die ewige Flut und finde nirgends Land!
Heut zog mich eines dunklen Wunsches Zwang
Zur Gräberinsel. – Schauerliche Welt,
Wo Flut um Flut mit ungehörtem Klang
Am Ufer der Vergessenheit zerschellt!
Die ihr hier ruht, vergessen, unbeklagt,
Fernab der Stadt, in deren Lebensgier
Nach euch und eurer Stätte niemand fragt,
Ihr seid verwandt und liebe Brüder mir.
So wie ihr ruht, vom Leben abgetrennt,
Weitab gebettet im Bezirk der Wogen,
So bin ich namenlos umhergezogen:
Ein fremder Wanderer, den keiner kennt,
Der zu dem Leben, das so nah und heiß
Vorüberflutet, keine Brücke weiß
Und über dessen ungehörter Klage
Sich wiegt der Reigen ungenossener Tage.
Wie ihr werd' einmal ich verschollen rasten
Von meiner Pilgerschaft unnützen Lasten,
Und meiner Wanderschaft und meiner Pein
Wird nach mir nirgend ein Gedächtnis sein.

Verschäumend leckt am Strand herauf die Flut.
Du mahnst mich recht! Ja, dir, dir war ich gut,
Du liebes Meer, und jedem Winde auch,

Der dich bewegt mit seinem warmen Hauch –,
Dir, Sonne, die auf stillen Inseln glüht –
Euch lieben Wolken, die ihr farbig blüht
Von Bergen her und über Meere hin!
Euch liebt' ich und verstand ich, euer Ziehn
Und großes Segeln war mir wohl vertraut,
Und auch des Sturmes regelloser Laut;
Mit euch im Zwiegespräch, mit euch verwandt
Und fahrtverbündet zog ich über Land.
Ihr liebt mich noch, ihr habt mich nicht vergessen,
Den Freund, der eurem ewigen Zuge nach
So vieler Straßen lange Flucht durchmessen,
Der euch geliebt, der eure Sprache sprach,
Dem selten nur und zwischen Fahrt und Fahrt
Für Augenblicke wohl bei Menschen ward!
– Wenn mich die Erde gehen läßt, nehmt ihr dann
Zu neuem Fluge mich als Bruder an?
Darf ich mit euch durch Luft und Wogen reisen
Und Pilgern dann die Heimwehwege weisen,
Die ich allein so lang und rastlos schritt?
Sagt ja, Geschwister, Freunde! Nehmt mich mit!

(1902)

BONIFAZIOS BILD

Ich kenne Eine, die dich wohl erreicht
An mildem Liebreiz, eine fremde Schöne,
Zart von Gestalt und Meisterin der Töne,
Die dir wie eine liebe Schwester gleicht.
Den Namen weiß ich leider nicht genau
Der schönen fremden dunkelblonden Frau ...
– Nun schmollst du schon! Doch diesmal ohne Grund.
Ich habe jener Dame schmalen Mund
Und weiße Hand im Leben nie berührt
Und nie ihr süßes Liebeslied gehört
Und niemals ihren sanften Blick gespürt,
Und dennoch hat ihr Zauber mich betört;
Ich liebte sie, lang eh ich dich gekannt
Und eh ich Rast in deiner Liebe fand.
Die schöne Frau ist manch Jahrhundert alt,
Ein Bonifazio hat sie einst gemalt.
Sie starb und ließ uns ihres Wesens Spur
In jenem schönen Meisterbilde nur.
Ihr Name ist verschollen. Nicht verscholl
Das Lied, das sie zur Liebeslaute sang
Und das betörend und geheimnisvoll
Seither unzählige Lauscher zart bezwang
Mit wunderlicher Jugendschwermut Reiz.
Es bebt darin die Ahnung aller Lust
Und alles namenlosen süßen Leids,
Es schlägt darin wie in belebter Brust
Ein wildes, dunkles, liebekrankes Herz
In unverstandener Fülle leisem Schmerz.
Nicht Wort noch Melodie des Liedes kennen

Bonifazio Veronese, »Der reiche Prasser und der arme Lazarus«

Wir heute mehr, das sie vor Zeiten sang,
Und dennoch lauschen wir und dennoch brennen
Die Herzen uns bei dem verlorenen Klang,
Den ungehört wir doch so wohl verstehen ...
Ich zeige dir das Bild, komm, laß uns gehen!

Hier! Eines Reichen Garten, lustbelebt,
Ein Bettler, der die dürftige Hand erhebt,
Ein Falkner mit dem Vogel auf der Faust,
Ein Reiter, der auf wildem Rosse braust,
Ein blanker Hof, den manche Säule ziert,
Ein Durchblick auf entfernter Hügel Zug,
Ein Laubengang, der endlos sich verliert
In Grün und Duft und fernen Wolkenflug.
Und nun inmitten dieser frohen Welt
Auf niederm Schemel eine Wohlgestalt,
Die schmeichlerisch mit heimlicher Gewalt
Den Blick bezaubert und gefangen hält,
Die Lautenspielerin! Mit feiner Hand
Hält sie der Mandoline Hals umspannt,
Die Rechte ist im Spielen weich gebogen,
Der Blick ist ohne Ziel, traumüberflogen.
Die Zweite, Ältere, schaut zu und schweigt,
Das reife Haupt gedankenvoll geneigt.
Die Männer lauschen. Aus dem jungen Mund
Wird all den Schweigenden im stillen Rund
Das dunkelschöne Rätsel aller Lust
Und aller Sehnsucht wie ein Traum bewußt,
Das alte, weiche Lied vom Liebesglück,
Vom lieben Frühling, von der Jugendzeit –
Wie ist sie schön! Und schließlich ist sie weit,
Vorbei, verblüht, und kommt nicht mehr zurück.

Mir ist, ich seh der Jugend schönen Geist,
Wie er mit trübem Lächeln sich entfernt,
Den welken Liebeskranz vom Scheitel reißt
Und vor sich her die weite Nacht entsternt ...

Du kennst sie nun. Und wenn ich jemals wieder
Schweigsam des Abends bin und ohne Wort
Dem lauten Kreis der losen Rivalieder
Entrinne in die dunklern Gassen fort,
Dann weißt du, was mich in die Stille zieht,
Und schiltst nicht mehr. Es ist der Schwester Lied.

(1902)

GINA

Wie mal ich dich? – An abendlicher Treppe,
In eines grünen Wassers Widerschein,
Das Schultertuch in malerischer Schleppe
Langhin gebreitet auf den warmen Stein.

Der schmale Mund zu einem Lied bereit,
Die nackten Füße nach der Welle tastend,
Die braunen Hände auf dem roten Kleid
Still feierabendlich vom Tage rastend.

Dahinter eines gelben Segels Breite,
Das feiernd in der Abendstille ruht,
Und ohne Ende fernhinaus die weite,
Rotüberleuchtet windesstille Flut.

Dann steh ich lang und schaue, bis die Nacht
Mit Sternenspiegeln die Lagune schmückt
Und langsam mir dein schönes Bild entrückt,
Und deine Lieder leis und leiser macht.

(1902)

IM SÜDEN

Neugierig fragt mich meine Kleine oft
Nach meiner Heimat. Deutschland ist so fern
Und fremd und fabelhaft und lächerlich!
»Wie lebt ihr dort?« Nicht halb so schön als ihr.
»Wie liebt ihr?« Ach, nicht halb so heiß als ihr.
»Wie tanzt und singt ihr?« Rede nicht davon!
»Und euer Land?« Ist schön, doch friert man dort.

»Und das ist alles?« – Alles, liebes Kind.
Nur eines haben wir, das habt ihr nicht.
Es zittert durch die Seele uns beim Tanz,
Macht süß und selig unsre rauhen Lieder,
Es führt uns Pilger eurem Süden zu,
Den wir verstehn, wie ihr ihn nie versteht,
Und der uns dennoch niemals glücklich macht.

»Doch warum hast du selber oft gescholten
Auf deine Heimat, und das fremde Land
So laut gepriesen?« – Weil ich Deutscher bin.

(1907)

LEISE WIE DIE GONDELN ...

Leise wie die Gondeln auf den klaren
Morgenleuchtenden Kanälen fahren,
Also wiegt im blauen Meer der Tage
Unsrer Liebe ungestörte Waage,
Also gleiten leicht und ohne Ende
Uns die Stunden durch die lassen Hände:
Eine, die von Lustgelächter funkelt,
Eine, die in Liebesdämmer dunkelt,
Eine, die von Liedern überflutet,
Eine, die sich lautlos süß verblutet.
Schweigend ruhen wir und staunend sehen
Wir die Schönen auf- und untergehen,
Rudertropfen von den Händen wischend,
Unsre Finger schwesterlich vermischend,
Selten nur nach einem Kuß verlangend,
Diesen schweigsam gebend und empfangend ...
Also gleiten leicht und ohne Ende
Stunden uns und Tage durch die Hände.

(1901)

146

VENEZIANISCHE GONDELGESPRÄCHE

I

Komm, wir wollen einen Schmuck erdenken,
Den wir eins dem andern wollen schenken,
Wenn einmal wir beide arme Kinder
Fürsten werden sein und Schätzefinder.
Eine Kette hab ich dir ersonnen:
Perlen, fern im Orient gewonnen,
Perlen, die perlmuttern und opalen
Mit versteckten jähen Lichtern prahlen;
Dieser Perlen reiche Reihen sollen
Endigen in einen wundervollen
Busenstern von lachenden Rubinen,
Die begierig deiner Schönheit dienen
Und inmitten eine Platte tragen,
Drauf in altem Golde aller Sagen
Lieblichste in zarter Arbeit leuchtet:
Aphrodite, welche schaumbefeuchtet
Aus der Welle schwebt. Die Göttin trüge
Deiner eignen Schönheit sanfte Züge.

Ich hinwieder wünsche mir aus Glase
Eine schlankgeformte, hohe Vase.
Ihre Wände müßten meergrün schimmern
Und wie Sonnenschein am Lido flimmern.
Hundertfarbig mit dem Licht im Bunde,
Irisspielend jegliche Sekunde.
In Murano soll der beste Bläser

Schaffen uns dies Wunder aller Gläser,
Tag und Nächte soll er wund sich mühen,
Bis ihm Farbenwunder traumhaft blühen
Und aus seiner reichsten Träume Gluten
Uns der fabelhafte Kelch wird fluten.
Dann an warmen Abenden wie heute
Tönt der Kelch ein wundersam Geläute
Und wir beide hören zu und schweigen,
Bis aus dem Geläute Lieder steigen,
Lieder, die wie Fabeln fremder Zeiten
Fremd und schön in langen Takten gleiten,
Tief in Zauberglück die Seele hüllen,
Aller scheuesten Sehnsucht Wunsch erfüllen.
Hörst du, Gina? Hörst du nicht? – Es ziehen
Schon vom Ufer her die Melodien,
Es erglänzen schon in jähen Garben
Unsres Kelches tausendfache Farben!

Über Redentore hängt verblühend
Reif und schwer die Sonne, blutrot glühend,
Die Lagune leuchtet auf in großen
Feuerfeldern, blüht in roten Rosen,
Feiert aller Farben reichste Feste,
Überströmt mit Prunk uns stille Gäste.
Nein, der Bläser soll sich nicht bemühen,
Schau, hier siehst du meine Vase glühen!
Irgendwo im blauen Meere hinten
Werden wir auch deine Kette finden.

II

Was ich träume, fragst du? Daß wir beide
Gestern starben und im weißen Kleide,
Weiße Blumen in den losen Haaren,
In der schwarzen Gondel meerwärts fahren.
Glocken läuten fern vom Kampanile,
Werden leiser, werden bald vom Kiele
Übergurgelt, den die Wellen schlagen.
Weiter meerwärts werden wir getragen,
Dorthin, wo mit himmelhohen Masten
Schiffe schwarz am Horizonte rasten,
Wo die Fischerbarken mit den feuchten
Rot und gelben Segeln tiefer leuchten,
Wo die blauen großen Wogen brausen,
Wo die wilden Schiffermöwen hausen.
Dort, durch eines Wassertores blauen Rachen
Segelt abwärts unser leichter Nachen
In die Tiefen, deren weite Räume
Fremd erfüllen die Korallenbäume,
Wo in Muscheln, die verborgen glimmern,
Bleiche Riesenperlen köstlich schimmern.
Scheue Silberfische glänzen leise
Flink vorbei und lassen Farbengleise,
Deren Furchen andre überglänzen
Mit den goldenroten, schlanken Schwänzen.
Träumend dort in meilentiefer Tiefe
Wird uns sein, als ob zuweilen riefe
Einer Glocke Ton, ein Windeswehen,
Deren fernes Lied wir nicht verstehen,
Deren fernes Lied von engen Gassen
Redet, die wir langeher verlassen,

Und von Dingen, die wir ehmals kannten,
Und von Wegen, die wir ehmals fanden.
Einer Straße, eines Kircheninnern
Werden wir verwundert uns erinnern,
Eines Gondelrufs und mancher Namen,
Die wir manchesmal vorzeit vernahmen.
Lächelnd, wie im Schlaf die Kinder pflegen,
Werden wir die stummen Lippen regen,
Und das Wort wird, eh wir's können lallen,
In Vergessenheit und Traumtod fallen.
Über uns die großen Schiffe gleiten,
Dunkle Barken bunte Segel breiten,
Große Vögel in der Sonne fliegen,
Blanke Netze auf dem Wasser liegen,
Und darüber hoch und rein gezogen
Eines Sonnenhimmels blauer Bogen.

III

In Burano, wo an ihren Spitzen
Hundert schöne Mädchen fleißig sitzen,
Mit den weißen, allzu spitzen, raschen
Fingern eilig fügen feine Maschen,
Wo an wundervoll geschaffnen Stücken
Fremde schöne Damen sich entzücken,
In Burano bin ich heut gewesen,
Ein Geschenk dir, Gina, zu erlesen.
Ah, wie glänzten die brillanten, frischen
Zartgeblümten Zeuge auf den Tischen!
Ah, wie zart in tastend leisen Händen
Fühlte ich der feinen Nähte Enden!
Einen Spitzensaum und sieben Krägen

Ließ ich sorgsam mir beiseite legen;
Daß ein feiner Schmuck dich würdig ziere,
Gab ich gerne sechzehnhundert Lire.
Dann erblickte ich und ließ mir reichen
Weiße Seidenkissen, die mit weichen
Breiten Säumen edler Arbeit prangten,
Säume, deren Fries von reichgerankten
Spitzenkränzen und erhabnen Rosen
Mir verlockend schien, darauf zu kosen
Holde Liebesstunden. Zwölf Zechinen
Zahlte ich für jedes Stück von ihnen.
Eine Gondel ließ ich damit füllen
Und mit starkem Segeltuch verhüllen.
Diese Gondel, leider muß ich's sagen,
Ward hinaus ins offene Meer verschlagen,
Und ich fürchte, unsre schönen Sachen
Werden nun den Fischen Freude machen.
In den weißen Spitzenrankenkränzen
Werden schlanke Silberfische schwänzen,
Durch die Maschen, die so köstlich waren,
Wird der Thunfisch und der Hering fahren,
Und die seideweichen Liebeskissen
Werden von der Störe Brut zerschlissen.
Einzig eine kleine, arme Haube
Blieb mir über und entging dem Raube.
Nimm sie, Schönste, an der Schätze Stelle,
Die mir tückisch stahl der Gott der Welle.

IV

Meiner Heimat Namen soll ich sagen?
Irgendeinen andern mußt du fragen,

Dem des Sternenhimmels weite Räume
Wohlbekannt sind und das Land der Träume.
Meine Heimat liegt in goldnem Kreise,
Keines Wanderers noch Schiffers Reise
Mag die schönen, silberhellen, weichen
Küsten und Gestade je erreichen.
Keines Weisen Mund nennt ihren Namen;
Dennoch viele sind, die dorther kamen,
Viele, die in Heimwehnächten ferne
Sie erträumen im Bezirk der Sterne,
Die in Angst und Sehnen nach ihr rufen,
Die ihr Bild in dunkler Seele schufen
Und die Ahnung alles Besten, Großen
In dies Bild und alle Liebe schlossen.

Dieser Einer bin ich, und ich reise
Ohne Rast nach jenem goldnen Kreise.
Deiner Stimme Klang und deines Haares
Koseduft weckt mir ein wunderbares,
Liebes Angedenken jenes Landes,
Dessen namenloses, unbekanntes
Heimatglück ich Ahnender empfunden
Jenes Tages, da ich dich gefunden.
Und ich ahne: unsre regen Seelen,
Während auf den ruhigen Kanälen
Uns die Gondel führt auf Dämmerwegen,
Reisen meinem Vaterland entgegen,
Reden heimatlich vertraute Worte,
Pochen an des fernen Landes Pforte,
Sagen seinen fremden, selig süßen
Namen, während unsre Lippen küssen.

V

Dort am Horizonte kannst du sehen
Eines Schiffes stille Masten stehen
An des Meeres allerfernstem Rande,
Ostwärts steuernd nach dem fremden Lande.
Seine schwarzen, scharfgezognen Masten
Wie verzaubert in der Bläue rasten.
Ist es nicht, als ob's ein Heimweh trüge,
Einen Schiffer, dessen Segelflüge
Irgendeine Insel, eine Küste
Suchen, die er unerreichbar wüßte?
Dieser Schiffer ist, der heimwehsieche,
Fern von hier zu Hause, ist ein Grieche.
Seine Heimatinsel aufzufinden
Kämpft er ohne Rast mit Flut und Winden,
Jahrelang durch aller Zonen Kreise
Kreuzt die Meere seine Heimwehreise.
Siehst du ferne seine Masten treten
Aus der Bläue, dann vergiß zu beten
Niemals zu der Mutter aller Gnaden,
Daß sie ihm und uns auf allen Pfaden
Licht und Ausgang weise und am Ende
Unser Steuer zu den Sternen wende.

VI

Sieh, die Glockenmänner sind am Schlagen!
Zitternd von der warmen Luft getragen
Folgen unentrinnbar allerwege
Uns die schonungslosen Stundenschläge.
Stille Liebe, gib mir deine Hände

Noch einmal! Der Zauber ist zu Ende,
Dem wir folgten so viel süße Gänge
Durch der Gassen und Kanäle Enge.
Morgen muß ich diese schmalen Gassen
Und die Stadt und dich und alles lassen,
Muß zurück in meinen wolkendunkeln
Norden, wo die bleichen Gletscher funkeln,
Wo man deiner Sprache reiches Tönen
Nicht versteht und nichts versteht vom Schönen,
Noch von Klang noch Freude. Dunkle Lose
Warten meiner in der Heimat Schoße.
Bei des Herdes Licht in wachen Nächten
Werd ich Kränze weher Lieder flechten
Um dein Bildnis, werde traurig träumen
Von den leuchtenden Lagunensäumen,
Von den Tagen, deren weiches Gleiten
Niemals störte unsre Seligkeiten,
Die so still und lachend uns beglückten,
Die mit Küssen wir und Liedern schmückten.
Tief im Traume wird mich dann zuweilen
Deiner schönen Stimme Klang ereilen,
Venezianische Koseworte sagend,
Allen Duft des schönen Damals tragend.
Und ich werde mit verborgenen Tränen
Mich nach dir und nach Venedig sehnen ...
– Gondoliere, nach San Vio! – Müde
Schweigt die Glocke. Gib mir die verblühte
Gelbe Rose noch aus deinen Haaren!
Und nun wollen wir nach Hause fahren.

(1901)

154

SCHÖNES HEUTE!

Morgen – was wird morgen sein?
Trauer, Sorge, wenig Freude,
Schweres Haupt, vergoßner Wein –
Du sollst leben, schönes Heute!

Ob die Zeit im schnellen Flug
Wandelt ihren ewigen Reigen,
Dieses Bechers voller Zug
Ist unwandelbar mein eigen.

Meiner losen Jugend Brand
Lodert hoch in diesen Tagen.
Tod, da hast du meine Hand,
Willst du mich zu zwingen wagen?

(1902)

REGENNACHT
Venedig

In mildem Takt ein leiser Tropfenfall,
Ein klirrend schwaches Tönen im Kanal,
Sonst nichts – sonst keiner Gondel rascher Kiel,
Kein Schritt, kein Wort, kein nächtlich Lautenspiel,
Kein Ruf, kein fernster Laut, kein Vogelschrei!
Mir ist in meinem kühlen Bett, ich sei
Fern, märchenfern an einer Insel Strand
Allein und abgetrennt von jedem Land,
Das Menschen trägt und Menschenlaute kennt.
Und Dunkelheit! Nicht Stern, nicht Mondlicht trennt
Der Dächer Umriß in der schwarzen Welt,
Die vor den Fenstern stumme Wache hält.
Wo bin ich doch? Vielleicht in einem Wald,
Wo jedes Blattes Fall im Moos verhallt.
Vielleicht gebannt in einem Märchenschloß,
Wo ehmals Leben, Licht und Jugend sproß
Und nun um Schläfer ohne Lust noch Leid
Hinflutet Dunkel – Sage – Ewigkeit.
Vielleicht in eines Grabes engem Schacht,
Umhegt von Einsamkeit – Vergessen – Nacht.
Aus jener Welt, die ich vordem gekannt,
Wie kam ich doch in dieses stumme Land,
Das so geheimnisvoll und nachtbeschwert
Sich dehnt und jedes kleinsten Tons entbehrt?
Ich weiß nichts mehr davon. Allein ich weiß:
Nicht lang, so wird ein schmales Pförtlein gehn
Und eine schöne Frau verschämt und heiß
Im regenschweren Mantel bei mir stehn

Und wird mich küssen ... Mit verschlafnem Ton
Knarrt eine Tür. Prinzessin, kommst du schon?

(1902)

SONNTAGABEND

Verblutet ist der warme Tag,
Nun wacht Kanäle ab und auf
Gitarre, Lachen, Ruderschlag,
Gesang und Liebe auf.
Nun schrillt aus allen Booten
Der Flötenbläser Pfiff,
Vorüber fährt im roten
Laternenglanz das Sonntagsschiff.
Die Geigen werden schon gestimmt
Mit leisem Liebesstrich –
Nun komm, nun komm, und küsse mich,
Eh' Fest und Lied ein Ende nimmt!
Die Stunden sind geschwinde
Und haben schnellen Schritt,
Sie flattern weg im Winde.
Und nehmen Klang und Jugend mit;
Wir müssen frech sie fassen
Im Rausch der kurzen Nacht.
Und nicht vom Herzen lassen,
Eh sie uns beide müd gemacht.

(1902)

AN GINA SALISTRI

Weißt du den Abend, Gina, noch? Die Scheiben
Der Giudecca brannten gold und rot.
Ich sollte Verse dir ins Album schreiben
Und an der Treppe harrte schon mein Boot.

Dann ward es Nacht. Du gabst mir das Geleite
Bis zu den Skalzi, wo die Gondeln stehn.
Wir sprachen beide nichts und weinten beide
Und seither hab ich dich nicht mehr gesehn.

Und seither hat vertraut und schmerzlich lieb
Mich tausendmal mit herbem Reiz umklungen
Der alte Vers, den du so gern gesungen,
Und den ich damals dir ins Album schrieb:

> »Quant'è bella giovinezza![5]
> Ma si fugge tuttavia;
> Chi vuol esser lieto, sia:
> Di doman non c'è certezza.«

(1901/02)

---

5 Erste Strophe des Gedichts »Canzona di Bacco« (ca. 1490) des Lorenzo di
   Medici (1449-92) über die »schöne, jedoch fliehende Jugend« und die Un-
   gewißheit der Zukunft.

EINEM KAMERADEN

Weißt du die Nächte noch, da wir vom Lido her
Im letzten Schiffe den Kanal erreichten
Und schweigsam vollends in der schwanken, leichten
Gondel nach Hause glitten übers Meer?
Und jene, die wir unsern klugen, braunen
Zechkameraden oftmals zum Erstaunen
Beim kühlen Asti singend durchgemacht?
Und denkst du noch an jene warme Nacht,
Da wir beim Colleoni uns getroffen
Und schlendernd durch die stille Gassenwelt
Uns unser ganzes Seligsein und Hoffen
Und unser ganzes Leben vorerzählt?
Und jener Abende, da wir im losen Kreise
Der Rivamädchen irgendeine Weise
Aus Deutschland sangen oder auf den Stufen
Der Markusflaggen in den schweren Rufen
Der Gondelruderer uns übten, oder lange
Mit Muscheln zielten nach der Flaggenstange?
Du weißt, damals war mir ein Mädchen gut,
Klein, schön und schweigsam, echtes Fischerblut,
Ein Kind des Meeres und des Müßiggangs.
Wie müht' ich mich um sie! Und dann gelang's,
Im Kirchtor von San Giobbe gab sie mir
Den ersten Gruß und Wink – – ich sage dir,
Seitdem hat keine Frauenschönheit mehr
Mich so erfüllt! Du weißt ja noch, wie schwer
Ich Abschied nahm und wie ich wochenlang
Schweigsam und bitter mit der Sehnsucht rang.

Und neulich, so viel Jahre später, trieb
Das Heimweh mich, daß ich ihr alles schrieb,
Wie ich seither zu Meere und zu Land
Nicht Rast vor ihr und meiner Liebe fand.
Mit vielen Stempeln kam der Brief zurück –
Da! – Unbestellbar! – – – Komm zur Kneipe mit,
Ich muß von jenem welschen Liebesglück
Dir noch erzählen und von allem Leid,
Das ich seither um jene Kleine litt.
Wir wollen noch einmal die alte Zeit
Heraufbeschwören und den falben Glanz
Verblichener Sommer und den hellen Kranz
Von Abenteuern, Freuden und Gefährden,
Die wir nicht noch einmal erleben werden.

(1902)

Brunnen auf dem Campo Santi Giovanni e Paolo nach einem Entwurf von Sansovino, um 1900

VENEDIG

Was such ich hier, hab ich mich oft gefragt,
In diesem Schatze toter Herrlichkeiten,
Der langsam sinkend den Verfall der Zeiten,
Ein morsches Grabmal, müßig überragt?
Hier ist nicht Gold, nicht Krieg, nicht Handel mehr,
Kein Maler mehr noch Steinmetz, dessen Hände
Geschäftig sind. Paläste gähnen leer
Und schlafen, bröckeln; durch bemalte Wände
Frißt Moder und Verfall. Sein Ständchen bringt
Für Geld ein Musikant, sonst aber klingt
Kein Leben mehr und bildet sich Gestalt.
Die Stadt ist tot, das Volk ist müde, alt ...
Was will ich hier?
                        Ich weiß es nicht, allein
Es muß an dieser eingeträumten Stätte
Versteckt ein Schatz geheimen Lebens sein,
Den ich entdecke, den ich hebe, rette.
Die Stadt ist alt, ist tot, ich aber schreite
Dem Tag entgegen. Aus den engen Räumen
Des Todes nehm ich einen Kranz von Träumen
Und Ahnungen mit mir hinaus ins Weite.
Da ist ein Tor, ein gotisch Bogenpaar,
Ein Brunnen, den ein guter Meister schmückte,
Auf dessen Mündung er vor Tag und Jahr
Der Schönheit zeitenlose Prägung drückte,
Ich steh davor – ein Augenblick voll Glück!
Form und Figuren werd' ich bald vergessen,
Doch bleibt ein Glanz davon, der nicht zu messen,

Als sichres Eigentum in mir zurück.
Da ist ein Bild – ich schaue mich hinein –
Vielleicht in zehn, vielleicht in zwanzig Jahren
Werd ich ein kleines Dichterglück erfahren
Und wird's ein Nachklang dieses Bildes sein.
So geh ich schlendernd durch die tote Stadt,
Die doch für mich ein heimlich Leben hat,
Und wandre hingegeben dem Genuß,
Der irgend einmal Früchte tragen muß.
Und wenn auch niemals mir ein Werk gelingt,
Und niemals Früchte mir von heute reifen,
Ich weiß doch, daß mein tatenloses Streifen
Dem Geist, der Ewigkeit ein Opfer bringt.
Der Bildner, der den Brunnen dort geschmückt,
Ist tot, ist hin. Ich schenk ihm wieder Leben;
Indem sein Werk mich reizt und mich beglückt,
Ist er der Welt, dem Tag zurückgegeben.
Er lebt noch einmal, schafft zu dieser Stunde
Noch einmal aus dem jungen, weißen Stein
Den Stab, den Kranz, die Puttenschar ins Runde,
Fügt wohlerwogene Blattgewinde ein.
Ergriffen seh ich seine Schöpfung stehen,
Wie sie sein Aug an jenem Tag gesehen,
In jedem Umriß kühn und scharf und klar,
Von keinem Riß entstellt und keiner Wunde
Und keinem Schmutz – ich seh es, wie es war
Im jungen Leuchten seiner ersten Stunde.
Des toten Meisters Stolz ist meiner auch,
Herüber weht aus einer fernen Zeit
Mit unerschöpfter Kraft ein Lebenshauch,
Und schauernd rührt mich an die Ewigkeit.

(um 1907)

164

LE ORE PASSANO E LA MORTE È VICINA

Die Stunden eilen. Wie ein Segelglanz
Aus blassem Meer taucht eine auf und lacht
Und trägt der Liebe und der Jugend Kranz
Und lodert golden und verglüht in Nacht.
Und wieder eine, schwesterähnlich fast,
Tritt bei mir ein und sagt mir Märchen vor
Und hält im Polster meiner Gondel Rast
Und stirbt – und eine neue blüht empor.

O schöne Schwestern, welche doch von euch
Wird mir die Lider in die Augen drücken
Und meine Fahrt mit Rast und Heimkehr schmücken
Und mich begleiten in das andre Reich?
Mir ist, es müsse jene goldene sein,
Die Königin, die spät am Abend blüht
Und die ein Duft von tiefem Seligsein
Mit aller Farben Feuer überglüht
Und die in müde Abendfenster schaut
Und satter glänzt und reicher als der Tag
Und die so schön beim Feierglockenschlag
In Mondesahnung und in Nacht verblaut.

In jener Stunde wird ein groß Geleucht
Mich selig blenden, und der volle Kranz
Genossener Tage, noch vom Meere feucht,
Wird mich umgeben mit verklärtem Glanz.
Und alles Schöne, was ich je geträumt,
Und alles Süße, was ich je genoß,

Und alles Süßeste, das ich versäumt
Und das mir ungekannt vorüberfloß,
Wird sich zu einem namenlosen Licht
Vereinen, das mein Auge selig macht,
Daß es in niegekannter Wonne bricht.
Dann aber nahen Sterne, Mond und Nacht.

(1901)

DER ZWERG

So begann der alte Geschichtenerzähler Cecco eines Abends am Kai:

Wenn es euch recht ist, meine Herrschaften, will ich heute einmal eine ganz alte Geschichte erzählen, von einer schönen Dame, einem Zwerg und einem Liebestrank, von Treue und Untreue, Liebe und Tod, wovon ja alle alten und neuen Abenteuer und Geschichten handeln.

Das Fräulein Margherita Cadorin, die Tochter des Edlen Battista Cadorin, war zu ihrer Zeit unter den schönen Damen von Venedig die schönste, und die auf sie gedichteten Strophen und Lieder waren zahlreicher als die Bogenfenster der Paläste am Großen Kanal und als die Gondeln, die an einem Frühlingsabend zwischen dem Ponte del Vin und der Dogana schwimmen. Hundert junge und alte Edelleute, von Venedig wie von Murano, und auch solche aus Padua, konnten in keiner Nacht die Augen schließen, ohne von ihr zu träumen, noch am Morgen erwachen, ohne sich nach ihrem Anblick zu sehnen, und in der ganzen Stadt gab es wenige unter den jungen Gentildonnen, die noch nie auf Margherita Cadorin eifersüchtig gewesen wären. Sie zu beschreiben steht mir nicht zu, ich begnüge mich damit, zu sagen, daß sie blond und groß und schlank wie eine junge Zypresse gewachsen war, daß ihren Haaren die Luft und ihren Sohlen der Boden schmeichelte und daß Tizian, als er sie sah, den Wunsch geäußert haben soll, er möchte ein ganzes Jahr lang nichts und niemand malen als nur diese Frau.

An Kleidern, an Spitzen, an byzantinischem Goldbrokat, an Steinen und Schmuck litt die Schöne keinen Mangel, vielmehr ging es in ihrem Palast reich und prächtig her: der Fuß trat auf farbige dicke Teppiche aus Kleinasien, die Schränke verbargen silbernes Gerät genug, die Tische erglänzten von feinem Damast und herrlichem Porzellan, die Fußböden der Wohnzimmer waren schöne Mosaikarbeit, und die Decken und Wände bedeckten teils Gobelins auf Brokat und Seide, teils hübsche, heitere Malereien. An Dienerschaft war ebenfalls kein Mangel, noch an Gondeln und Ruderern.

Alle diese köstlichen und erfreulichen Dinge gab es aber freilich auch in anderen Häusern; es gab größere und reichere Paläste als den ihren, vollere Schränke, köstlichere Geräte, Tapeten und Schmucksachen. Venedig war damals sehr reich. Das Kleinod jedoch, welches die junge Margherita ganz allein besaß und das den Neid vieler Reicheren erregte, war ein Zwerg, Filippo genannt, nicht drei Ellen hoch und mit zwei Höckerchen versehen, ein phantastischer kleiner Kerl. Filippo war aus Zypern gebürtig und hatte, als ihn Herr Vittoria Battista von Reisen heimbrachte, nur Griechisch und Syrisch gekonnt, jetzt aber sprach er ein so reines Venezianisch, als wäre er an der Riva oder im Kirchspiel von San Giobbe zur Welt gekommen. So schön und schlank seine Herrin war, so häßlich war der Zwerg; neben seinem verkrüppelten Wuchse erschien sie doppelt hoch und königlich, wie der Turm einer Inselkirche neben einer Fischerhütte. Die Hände des Zwerges waren faltig, braun und in den Gelenken gekrümmt, sein Gang unsäglich lächerlich, seine Nase viel zu groß, seine Füße breit und einwärts gestellt. Gekleidet aber ging er wie ein Fürst, in lauter Seide und Goldstoff.

Schon dies Äußere machte den Zwerg zu einem Kleinod; vielleicht gab es nicht bloß in Venedig, sondern in ganz Italien, Mailand nicht ausgenommen, keine seltsamere und possierlichere Figur; und manche Majestät, Hoheit oder Exzellenz hätte gewiß den kleinen Mann gern mit Gold aufgewogen, wenn er dafür feil gewesen wäre.

Aber wenn es auch vielleicht an Höfen oder in reichen Städten einige Zwerge geben mochte, welche dem Filippo an Kleinheit und Häßlichkeit gleichkamen, so blieben doch an Geist und Begabung alle weit hinter ihm zurück. Wäre es allein auf die Klugheit angekommen, so hätte dieser Zwerg ruhig im Rat der Zehn sitzen oder eine Gesandtschaft verwalten können. Nicht allein sprach er drei Sprachen, sondern er war auch in Historien, Ratschlägen und Erfindungen wohlerfahren, konnte ebensowohl alte Geschichten erzählen wie neue erfinden und verstand sich nicht weniger auf guten Rat als auf böse Streiche und vermochte jeden, wenn er nur wollte, so leicht zum Lachen wie zum Verzweifeln zu bringen.

An heiteren Tagen, wenn die Donna auf ihrem Söller saß, um ihr wundervolles Haar, wie es damals allgemein die Mode war, an der Sonne zu bleichen, war sie stets von ihren beiden Kammerdienerinnen, von ihrem afrikanischen Papagei und von dem Zwerg Filippo begleitet. Die Dienerinnen befeuchteten und kämmten ihr langes Haar und breiteten es über dem großen Schattenhut zum Bleichen aus, bespritzten es mit Rosentau und mit griechischen Wassern, und dazu erzählten sie alles, was in der Stadt vorging und vorzugehen im Begriff war: Sterbefälle, Feierlichkeiten, Hochzeiten und Geburten, Diebstähle und komische Ereignisse. Der Papagei schlug mit seinen schönfarbigen Flügeln und machte seine drei Kunststücke: ein Lied pfeifen, wie eine Zicke meckern und »gute Nacht« rufen. Der Zwerg saß daneben, still in der Sonne gekauert, und las in alten Büchern und Rollen, auf das Mädchengeschwätz so wenig achtend wie auf die schwärmenden Mücken. Alsdann geschah es jedesmal, daß nach einiger Zeit der bunte Vogel nickte, gähnte und entschlief, daß die Mägde langsamer plauderten und endlich verstummten und ihren Dienst lautlos mit müden Gebärden versahen; denn gibt es einen Ort, wo die Mittagssonne heißer und schläfernder brennen kann als auf dem Söller eines venezianischen Palastdaches? Dann wurde die Herrin mißmutig und schalt heftig, sobald die Mädchen ihre Haare zu trocken werden ließen oder gar ungeschickt anfaßten. Und dann kam der Augenblick, wo sie rief: »Nehmt ihm das Buch weg!«

Die Mägde nahmen das Buch von Filippos Knien, und der Zwerg schaute zornig auf, bezwang sich aber sogleich und fragte höflich, was die Herrin beliebe.

Und sie befahl: »Erzähl mir eine Geschichte!«

Darauf antwortete der Zwerg: »Ich will nachdenken«, und dachte nach.

Hierbei geschah es zuweilen, daß er ihr allzu lange zögerte, so daß sie ihn scheltend anrief. Er schüttelte aber gelassen den schweren Kopf, der für seine Gestalt viel zu groß war, und antwortete mit Gleichmut: »Ihr müßt noch ein wenig Geduld haben. Gute Geschichten sind wie ein edles Wild. Sie hausen verborgen, und man muß oft lange am Eingang der Schluchten und Wälder stehen und auf sie lauern. Laßt mich nachdenken!«

Wenn er aber genug gesonnen hatte und zu erzählen anfing, dann hielt er nicht mehr inne, bis er zu Ende war, ununterbrochen lief seine Erzählung dahin, wie ein vom Gebirge kommender Fluß, in welchem alle Dinge sich spiegeln, von den kleinen Gräsern bis zum blauen Gewölbe des Himmels. Der Papagei schlief, im Traume zuweilen mit dem krummen Schnabel knarrend; die kleinen Kanäle lagen unbeweglich, so daß die Spiegelbilder der Häuser feststanden wie wirkliche Mauern; die Sonne brannte auf das flache Dach herab, und die Mägde kämpften verzweifelt gegen die Schläfrigkeit. Der

Zwerg aber war nicht schläfrig und wurde zum Zauberer und König, sobald er seine Kunst begann. Er löschte die Sonne aus und führte seine still zuhörende Herrin bald durch schwarze, schauerliche Wälder, bald auf den blauen kühlen Grund des Meeres, bald durch die Straßen fremder und fabelhafter Städte, denn er hatte die Kunst des Erzählens im Morgenlande gelernt, wo die Erzähler viel gelten und Magier sind und mit den Seelen der Zuhörer spielen, wie ein Kind mit seinem Ball spielt.

Beinahe niemals begannen seine Geschichten in fremden Ländern, wohin die Seele des Zuhörenden nicht leicht aus eigenen Kräften zu fliegen vermag. Sondern er begann stets mit dem, was man mit Augen sehen kann, sei es mit einer goldenen Spange, sei es mit einem seidenen Tuche, immer begann er mit etwas Nahem und Gegenwärtigen und leitete die Einbildung seiner Herrin unmerklich, wohin er wollte, indem er von früheren Besitzern solcher Kleinode oder von ihren Meistern und Verkäufern zu berichten anhob, so daß die Geschichte, natürlich und langsam rinnend, vom Söller des Palastes in die Barke des Händlers, von der Barke in den Hafen und auf das Schiff und an jeden entferntesten Ort der Welt sich hinüberwiegte. Wer ihm zuhörte, der glaubte selbst die Fahrt zu machen, und während er noch ruhig in Venedig saß, irrte sein Geist schon fröhlich oder ängstlich auf fernen Meeren und in fabelhaften Gegenden umher. Auf eine solche Art erzählte Filippo.

Außer solchen wunderbaren, zumeist morgenländischen Märchen berichtete er auch wirkliche Abenteuer und Begebenheiten aus alter und neuer Zeit, von des Königs Äneas Fahrten und Leiden, vom Reiche Zypern, vom König Johannes, vom Zauberer Virgilius und von den gewaltigen Reisen des Amerigo Vespucci. Obendrein verstand er selbst die merkwürdigsten Geschichten zu erfinden und vorzutragen. Als ihn eines Tages seine Herrin beim Anblick des schlummernden Papageien fragte: »Du Alleswisser, wovon träumt jetzt mein Vogel?«, da besann er sich nur eine kleine Weile und begann sogleich einen langen Traum zu erzählen, so, als wäre er selbst der Papagei, und als er zu Ende war, da erwachte gerade der Vogel, meckerte wie eine Ziege und schlug mit den Flügeln. Oder nahm die Dame ein Steinchen, warf es über die Brüstung der Terrasse ins Wasser des Kanals hinab, daß man es klatschen hörte, und fragte: »Nun Filippo, wohin kommt jetzt mein Steinchen?« Und sogleich hob der Zwerg zu berichten an, wie das Steinchen im Wasser zu Quallen, Fischen, Krabben und Austern kam, zu ertrunkenen Schiffern und Wassergeistern, Kobolden und Meerfrauen, deren Leben und Begebenheiten er wohl kannte und die er genau und umständlich zu schildern wußte.

Obwohl nun das Fräulein Margherita, gleich so vielen reichen und schönen Damen, hochmütig und harten Herzens war, hatte sie doch zu ihrem Zwerg viele Zuneigung und achtete darauf, daß jedermann ihn gut und ehrenhaft behandle. Nur sie selber machte sich zuweilen einen Spaß daraus, ihn ein wenig zu quälen, war er doch ihr Eigentum. Bald nahm sie ihm alle seine Bücher weg, bald sperrte sie ihn in den Käfig ihres Papageien, bald brachte sie ihn auf dem Parkettboden eines Saales zum Straucheln. Sie tat dies jedoch alles nicht in böser Absicht, auch beklagte sich Filippo niemals, aber er vergaß nichts und brachte zuweilen in seinen Fabeln und Märchen kleine Anspielungen und Winke und Stiche an, welche das Fräulein sich denn auch ruhig gefallen ließ. Sie hütete sich wohl, ihn allzusehr zu reizen, denn jedermann glaubte den Zwerg im Besitz geheimer Wissenschaften und verbotener Mittel. Mit Sicherheit wußte man, daß er die Kunst verstand, mit mancherlei Tieren zu reden, und daß er im Vorhersagen von Witterungen und Stürmen unfehlbar war. Doch schwieg er zumeist still, wenn jemand mit solchen Fragen in ihn drang, und wenn er dann die schiefen Achseln zuckte und den schweren steifen Kopf zu schütteln versuchte, vergaßen die Fragenden ihr Anliegen vor lauter Lachen.

Wie ein jeder Mensch das Bedürfnis hat, irgendeiner lebendigen Seele zugetan zu sein und Liebe zu erweisen, so hatte auch Filippo außer seinen Büchern noch eine absonderliche Freundschaft, nämlich mit einem schwarzen kleinen Hündlein, das ihm gehörte und sogar bei ihm schlief. Es war das Geschenk eines unerhört gebliebenen Bewerbers an das Fräulein Margherita und war dem Zwerge von seiner Dame überlassen worden, allerdings unter besonderen Umständen. Gleich am ersten Tage nämlich war das Hündchen verunglückt und von einer zugeschlagenen Falltüre getroffen worden. Es sollte getötet werden, da ihm ein Bein gebrochen war; da hatte der Zwerg das Tier für sich erbeten und zum Geschenk erhalten. Unter seiner Pflege war es genesen und hing mit großer Dankbarkeit an seinem Retter. Doch war ihm das geheilte Bein krumm geblieben, so daß es hinkte und dadurch noch besser zu seinem verwachsenen Herrn paßte, worüber Filippo manchen Scherz zu hören bekam.

Mochte nun diese Liebe zwischen Zwerg und Hund den Leuten lächerlich erscheinen, so war sie doch nicht minder aufrichtig und herzlich, und ich glaube, daß mancher reiche Edelmann von seinen besten Freunden nicht so innig geliebt wurde wie der krummbeinige Bologneser von Filippo. Dieser nannte ihn Filippino, woraus der abgekürzte Kosename Fino entstand, und behandelte ihn so zärtlich wie ein Kind, sprach mit ihm, trug ihm leckere Bissen zu, ließ ihn in seinem kleinen Zwergbett schlafen und spielte oft lange mit ihm, kurz, er übertrug alle Liebe seines armen und heimatlosen Leben auf das kluge Tier und nahm seinetwegen vielen Spott der Dienerschaft und der Herrin auf sich. Und ihr werdet in Bälde sehen, wie wenig lächerlich diese Zuneigung war, denn sie hat nicht allein dem Hunde und dem Zwerge, sondern dem ganzen Hause das größte Unheil gebracht. Es möge euch darum nicht verdrießen, daß ich so viele Worte über einen kleinen lahmen Schoßhund verlor, sind doch die Beispiele nicht selten, daß durch viel geringere Ursachen große und schwere Schicksale hervorgerufen wurden.

Während so viele vornehme, reiche und hübsche Männer ihre Augen auf Margherita richteten und ihr Bild in ihrem Herzen trugen, blieb sie selbst so stolz und kalt, als gäbe es keine Männer auf der Welt. Sie war nämlich nicht nur bis zum Tod ihrer Mutter, einer gewissen Donna Maria aus dem Hause der Giustiniani, sehr streng erzogen worden, sondern hatte auch von Natur ein hochmütiges, der Liebe widerstrebendes Wesen und galt mit Recht für die grausamste Schöne von Venedig. Ihretwegen fiel ein junger Edler aus Padua im Duell mit einem Mailänder Offizier, und als sie es vernahm und man ihr die an sie gerichteten letzten Worte des Gefallenen berichtete, sah man auch nicht den leisesten Schatten über ihre weiße Stirn laufen. Mit den auf sie gedichteten Sonetten trieb sie ewig ihren Spott, und als fast zu gleicher Zeit zwei Freier aus den angesehensten Familien der Stadt sich feierlich um ihre Hand bewarben, zwang sie trotz seines eifrigen Widerstrebens und Zuredens ihren Vater, beide abzuweisen, woraus eine langwierige Familienzwistigkeit entstand.

Allein der kleine geflügelte Gott ist ein Schelm und läßt sich ungern eine Beute entgehen, am wenigsten eine so schöne. Man hat es oft genug erlebt, daß gerade die unzugänglichen und stolzen Frauen sich am raschesten und heftigsten verlieben, so wie auf den härtesten Winter gewöhnlich auch der wärmste und holdeste Frühling folgt. Es geschah bei Gelegenheit eines Festes in den Muraneser Gärten, daß Margherita ihr Herz an einen jungen Ritter und Seefahrer verlor, der eben erst aus der Levante zurückgekehrt war. Er hieß Baldassare Morosini und gab der Dame, deren Blick auf ihn gerichtet war, weder an Adel noch an Stattlichkeit der Figur etwas nach. An ihr war alles licht und leicht, an ihm aber dunkel und stark, und man konnte ihm ansehen, daß er lange Zeit auf der See und in fremden Ländern gewesen und ein Freund der Abenteuer war; über seine gebräunte Stirn zuckten die Gedanken wie Blitze, und über seiner kühnen, gebogenen Nase brannten dunkle Augen heiß und scharf.

Es war nicht anders möglich, als daß auch er Margherita sehr bald bemerkte, und sobald er ihren Namen in Erfahrung gebracht hatte, trug er sogleich Sorge, ihrem Vater und ihr selber vorgestellt zu werden, was unter vielen Höflichkeiten und schmeichelhaften Worten geschah. Bis zum Ende der Festlichkeit, welche nahezu bis Mitternacht dauerte, hielt er sich, soweit der Anstand es nur erlaubte, beständig in ihrer Nähe auf, und sie hörte auf seine Worte, auch wenn sie an andere als an sie selbst gerichtet waren, eifriger als auf das Evangelium. Wie man sich denken kann, war Herr Baldassare des öftern genötigt, von seinen Reisen und Taten und bestandenen Gefahren zu erzählen, und er tat dies mit so viel Anstand und Heiterkeit, daß jeder ihn gern anhörte. In Wirklichkeit waren seine Worte alle nur einer einzigen Zuhörerin zugedacht, und diese ließ sich nicht einen Hauch davon entgehen. Er berichtete von den seltensten Abenteuern so leichthin, als müßte ein jeder sie selber schon erlebt haben, und stellte seine Person nicht allzusehr in den Vordergrund, wie es sonst die Seefahrer und zumal die jungen zu machen pflegen. Nur einmal, da er von einem Gefecht mit afrikanischen Piraten erzählte, erwähnte er eine schwere Verwundung, deren Narbe quer über seine linke Schulter laufe, und Margherita hörte atemlos zu, entzückt und entsetzt zugleich.

Zum Schluß begleitete er sie und ihren Vater zu ihrer Gondel, verabschiedete sich und blieb noch lange stehen, um dem Fackelzug der über die dunkle Lagune entgleitenden Gondel nachzublicken. Erst als er diesen ganz aus den Augen verloren hatte, kehrte er zu seinen Freunden in ein Gartenhaus zurück, wo die jungen Edelleute, und auch einige hübsche Dirnen dabei, noch einen Teil der warmen Nacht beim gelben Griechenwein und beim roten süßen Alkermes verbrachten. Unter ihnen war ein Giambattista Gentarini, einer der reichsten und lebenslustigsten jungen Männer von Venedig. Dieser trat Baldassare entgegen, berührte seinen Arm und sagte lachend:

»Wie sehr hoffte ich, du würdest uns heute nacht die Liebesabenteuer deiner Reisen erzählen! Nun ist es wohl nichts damit, da die schöne Cadorin dein Herz mitgenommen hat. Aber weißt du auch, daß dieses schöne Mädchen von Stein ist und keine Seele hat? Sie ist wie ein Bild des Giorgione, an dessen Frauen wahrhaftig nichts zu tadeln ist, als daß sie kein Fleisch und Blut haben und nur für unsere Augen existieren. Im Ernst, ich rate dir, halte dich ihr fern – oder hast du Lust, als dritter abgewiesen und zum Gespött der Cadorinschen Dienerschaft zu werden?«

Baldassare aber lachte nur und hielt es nicht für notwendig, sich zu rechtfertigen. Er leerte ein paar Becher von dem süßen, ölfarbigen Zypernwein und begab sich früher als die andern nach Hause.

Schon am nächsten Tage suchte er zu guter Stunde den alten Herrn Cadorin in seinem hübschen kleinen Palaste auf und bestrebte sich auf jede Weise, sich ihm angenehm zu machen und seine Zuneigung zu gewinnen. Am Abend brachte er mit mehreren Sängern und Spielleuten der schönen jungen Dame eine Serenata, mit gutem Erfolg: sie stand zuhörend am Fenster und zeigte sich sogar eine kleine Weile auf dem Balkon. Natürlich sprach sofort die ganze Stadt davon, und die Bummler und Klatschbasen wußten schon von der Verlobung und vom mutmaßlichen Tag der Hochzeit zu schwatzen, noch ehe Morosini sein Prachtkleid angelegt hatte, um dem Vater Margheritas seine Werbung vorzutragen; er verschmähte es nämlich, der damaligen Sitte gemäß nicht in eigener Person, sondern durch einen oder zwei seiner Freunde anzuhalten. Doch bald genug hatten jene gesprächigen Alleswisser die Freude, ihre Prophezeiungen bestätigt zu sehen.

Als Herr Baldassare dem Vater Cadorin seinen Wunsch aussprach, sein Schwiegersohn zu werden, kam dieser in nicht geringe Verlegenheit.

»Mein teuerster junger Herr«, sagte er beschwörend, »ich unterschätze bei Gott die Ehre nicht, die Euer Antrag für mein Haus bedeutet. Dennoch möchte ich Euch inständig bitten, von Eurem Vorhaben zurückzutreten, es würde Euch und mir viel Kummer und Beschwernis ersparen. Da Ihr so lange auf Reisen und fern von Venedig gewesen seid, wißt Ihr nicht, in welche Nöte das unglückselige Mädchen mich schon gebracht hat, indem sie bereits zwei ehrenvolle Anträge ohne alle Ursache abgewiesen. Sie will von Liebe und Männern nichts wissen. Und ich gestehe, ich habe sie etwas verwöhnt und bin zu schwach, um ihre Hartnäckigkeit durch Strenge zu brechen.«

Baldassare hörte höflich zu, nahm aber seine Werbung nicht zurück, sondern gab sich alle Mühe, den ängstlichen alten Herrn zu ermutigen und in bessere Laune zu bringen. Endlich versprach dann der Herr, mit seiner Tochter zu sprechen.

Man kann sich denken, wie die Antwort des Fräuleins ausfiel. Zwar machte sie zur Wahrung ihres Hochmutes einige geringfügige Einwände und spielte namentlich vor ihrem Vater noch ein wenig die Dame, aber in ihrem Herzen hatte sie ja gesagt, noch eh sie gefragt worden war. Gleich nach Empfang ihrer Antwort erschien Baldassare mit einem zierlichen und kostbaren Geschenk, steckte seiner Verlobten einen goldenen Brautring an den Finger und küßte zum erstenmal ihren schönen stolzen Mund.

Nun hatten die Venezianer etwas zu schauen und zu schwatzen und zu beneiden. Niemand konnte sich erinnern, jemals ein so prächtiges Paar gesehen zu haben. Beide waren groß und hoch gewachsen und die Dame kaum um Haaresbreite kleiner als er. Sie war blond, er war schwarz, und beide trugen ihre Köpfe hoch und frei, denn sie gaben einander, wie an Adel, so an Hochmut nicht das geringste nach.

Nur eines gefiel der prächtigen Braut nicht, daß nämlich ihr Herr Verlobter erklärte, in Bälde nochmals nach Zypern reisen zu müssen, um daselbst wichtige Geschäfte zum Abschluß zu bringen. Erst nach der Rückkehr von dort sollte die Hochzeit stattfinden, auf die schon jetzt die ganze Stadt sich wie auf eine öffentliche Feier freute. Einstweilen genossen die Brautleute ihr Glück ohne Störung; Herr Baldassare ließ es an Veranstaltungen jeder Art, an Geschenken, an Ständchen, an Überraschungen nicht fehlen, und sooft es irgend anging, war er mit Margherita zusammen. Auch machten sie, die strenge Sitte umgehend, manche verschwiegene gemeinsame Fahrt in verdeckter Gondel.

Wenn Margherita hochmütig und ein klein wenig grausam war, wie bei einer verwöhnten jungen Edeldame nicht zu verwundern, so war ihr Bräutigam, von Hause aus hochfahrend und wenig an Rücksicht auf andere gewöhnt, durch sein Seefahrerleben und seine jungen Erfolge nicht sanfter geworden. Je eifriger er als Freier den Angenehmen und Sittsamen gespielt hatte, desto mehr gab er jetzt, da das Ziel erreicht war, seiner Natur und ihren Trieben nach. Von Haus aus ungestüm und herrisch, hatte er als Seemann und reicher Handelsherr sich vollends daran gewöhnt, nach eigenen Gelüsten zu leben und sich um andere Leute nicht zu kümmern. Es war seltsam, wie ihm von Anfang an in der Umgebung seiner Braut mancherlei zuwider war, am meisten der Papagei, das Hündchen Fino und der Zwerg Filippo. Sooft er diese sah, ärgerte er sich und tat alles, um sie zu quälen oder sie ihrer Besitzerin zu entleiden. Und sooft er ins Haus trat und seine starke Stimme auf der gewundenen Treppe erklang, entfloh das Hündchen heulend und fing der Vogel an zu schreien und mit den Flügeln um sich zu schlagen; der Zwerg begnügte sich damit, die Lippen zu verziehen und hartnäckig zu schweigen. Um gerecht zu sein, muß ich sagen, daß Margherita, wenn nicht für die Tiere, so doch für Filippo manches Wort einlegte und den armen Zwerg zuweilen zu verteidigen suchte; aber freilich wagte sie ihren Geliebten nicht zu reizen und konnte oder wollte manche kleine Quälerei und Grausamkeit nicht verhindern.

Mit dem Papagei nahm es ein schnelles Ende. Eines Tages, da Herr Morosini ihn wieder quälte und mit einem Stäbchen nach ihm stieß, hackte der erzürnte Vogel nach seiner Hand und riß ihm mit seinem starken und scharfen Schnabel einen Finger blutig, worauf jener ihm den Hals umdrehen ließ. Er wurde in den schmalen finstern Kanal an der Rückseite des Hauses geworfen und von niemand betrauert.

Nicht besser erging es bald darauf dem Hündchen Fino. Es hatte sich, als der Bräutigam seiner Herrin einst das Haus betrat, in einem dunklen Winkel der Treppe verborgen, wie es denn gewohnt war, stets unsichtbar zu werden, wenn dieser

Herr sich nahte. Herr Baldassare aber, vielleicht weil er irgend etwas in seiner Gondel hatte liegenlassen, was er keinem Diener anvertrauen mochte, stieg gleich darauf unvermutet wieder die Stufen der Treppe hinab. Der erschrockene Fino bellte in seiner Überraschung laut auf und sprang so hastig und ungeschickt empor, daß er um ein Haar den Herrn zu Fall gebracht hätte. Stolpernd erreichte dieser, gleichzeitig mit dem Hunde, den Flur, und da das Tierlein in seiner Angst bis zum Portal weiterrannte, wo einige breite Steinstufen in den Kanal hinabführten, versetzte er ihm unter grimmigem Fluchen einen so heftigen Fußtritt, daß der kleine Hund weit ins Wasser hinausgeschleudert wurde.

In diesem Augenblick erschien der Zwerg, der Finos Bellen und Winseln gehört hatte, im Torgang und stellte sich neben Baldassare, der mit Gelächter zuschaute, wie das halblahme Hündchen angstvoll zu schwimmen versuchte. Zugleich erschien auf den Lärm hin Margherita auf dem Balkon des ersten Stockwerks.

»Schickt die Gondel hinüber, bei Gottes Güte«, rief Filippo ihr atemlos zu. »Laßt ihn holen, Herrin, sofort! Er ertrinkt mir! O Fino, Fino!«

Aber Herr Baldassare lachte und hielt den Ruderer, der schon die Gondel lösen wollte, durch einen Befehl zurück. Nochmals wollte sich Filippo an seine Herrin wenden und sie anflehen, aber Margherita verließ in diesem Augenblick den Balkon, ohne ein Wort zu sagen. Da kniete der Zwerg vor seinem Peiniger nieder und flehte ihn an, dem Hund das Leben zu lassen. Der Herr wandte sich unwillig ab, befahl ihm streng, ins Haus zurückzukehren, und blieb an der Gondeltreppe so lange stehen, bis der kleine keuchende Fino untersank.

Filippo hatte sich auf den obersten Boden unterm Dach begeben. Dort saß er in einer Ecke, stützte den großen Kopf auf die Hände und starrte vor sich hin. Es kam eine Kammerjung-fer, um ihn zur Herrin zu rufen, und dann kam und rief ein Diener, aber er rührte sich nicht. Und als er spät am Abend immer noch dort oben saß, stieg seine Herrin selber mit einer Ampel in der Hand zu ihm hinauf. Sie blieb vor ihm stehen und sah ihn eine Weile an.

»Warum stehst du nicht auf?« fragte sie dann. Er gab keine Antwort.

»Warum stehst du nicht auf?« fragte sie nochmals. Da blick-te der kleine Verwachsene sie an und sagte leise: »Warum habt Ihr meinen Hund umgebracht?«

»Ich war es nicht, die es tat«, rechtfertigte sie sich.

»Ihr hättet ihn retten können und habt ihn umkommen las-sen«, klagte der Zwerg. »O mein Liebling! O Fino, o Fino!«

Da wurde Margherita ärgerlich und befahl ihm scheltend, aufzustehen und zu Bett zu gehen. Er folgte ihr, ohne ein Wort zu sagen, und blieb drei Tage lang stumm wie ein Toter, be-rührte die Speisen kaum und achtete auf nichts, was um ihn her geschah und gesprochen wurde.

In diesen Tagen wurde die junge Dame von einer großen Unruhe befallen. Sie hatte nämlich von verschiedenen Seiten Dinge über ihren Verlobten vernommen, welche ihr schwere Sorge bereiteten. Man wollte wissen, der junge Herr Morosini sei auf seinen Reisen ein schlimmer Mädchenjäger gewesen und habe auf Zypern und andern Orten eine ganze Anzahl von Geliebten sitzen. Wirklich war dies auch die Wahrheit, und Margherita wurde voll Zweifel und Angst und konnte na-mentlich an die bevorstehende neue Reise ihres Bräutigams nur mit den bittersten Seufzern denken. Am Ende hielt sie es nicht mehr aus, und eines Morgens, als Baldassare bei ihr in ihrem Hause war, sagte sie ihm alles und verheimlichte ihm keine von ihren Befürchtungen.

Er lächelte. »Was man dir, Liebste und Schönste, berichtet hat, mag zum Teil erlogen sein, das meiste daran ist aber wahr. Die Liebe ist gleich einer Woge, sie kommt und erhebt uns und reißt uns mit sich fort, ohne daß wir widerstehen können. Dennoch aber weiß ich wohl, was ich meiner Braut und Tochter eines so edlen Hauses schuldig bin, du magst daher ohne Sorge sein. Ich habe hier und dort manche schöne Frau gesehen und mich in manche verliebt, aber dir kommt keine gleich.«

Und weil von seiner Kraft und Kühnheit ein Zauber ausging, gab sie sich stille und lächelte und streichelte seine harte, braune Hand. Aber sobald er von ihr ging, kehrten alle ihre Befürchtungen wieder und ließen ihr keine Ruhe, so daß diese so überaus stolze Dame nun das geheime, demütigende Leid der Liebe und Eifersucht erfuhr und in ihren seidenen Decken halbe Nächte nicht schlafen konnte.

In ihrer Bedrängnis wandte sie sich ihrem Zwerg Filippo zu. Dieser hatte inzwischen sein früheres Wesen wieder angenommen und stellte sich, als hätte er den schmählichen Tod seines Hündleins nun vergessen. Auf dem Söller saß er wieder wie sonst. In Büchern lesend oder erzählend, während Margherita ihr Haar an der Sonne bleichte. Nur einmal erinnerte sie sich noch an jene Geschichte. Da sie ihn nämlich einmal fragte, worüber er denn so tief nachsinne, sagte er mit seltsamer Stimme: »Gott segne dieses Haus, gnädige Herrin, das ich tot oder lebend bald verlassen werde.« – »Warum denn?« entgegnete sie. Da zuckte er auf seine lächerliche Weise die Schultern: »Ich ahne es, Herrin. Der Vogel ist fort, der Hund ist fort, was soll der Zwerg noch da?« Sie untersagte ihm darauf solche Reden ernstlich, und er sprach nicht mehr davon. Die Dame war der Meinung, er denke nicht mehr daran, und zog ihn wieder ganz in ihr Vertrauen. Er aber, wenn sie ihm von ihrer

Sorge redete, verteidigte Herrn Baldassare und ließ auf keine Weise merken, daß er ihm noch etwas nachtrage. So gewann er die Freundschaft seiner Herrin in hohem Grade wieder.

An einem Sommerabend, als vom Meer her ein wenig Kühlung wehte, bestieg Margherita samt dem Zwerg ihre Gondel und ließ sich ins Freie rudern. Als die Gondel in die Nähe von Murano kam und die Stadt nur noch wie ein weißes Traumbild in der Ferne auf der glatten, schillernden Lagune schwamm, befahl sie Filippo, eine Geschichte zu erzählen. Sie lag auf dem schwarzen Pfühle ausgestreckt, der Zwerg kauerte ihr gegenüber am Boden, den Rücken dem hohen Schnabel der Gondel zugewendet. Die Sonne hing am Rand der fernen Berge, die vor rosigem Dunst kaum sichtbar waren; auf Murano begannen einige Glocken zu läuten. Der Gondoliere bewegte, von der Wärme betäubt, lässig und halb schlafend sein langes Ruder, und seine gebückte Gestalt samt der Gondel spiegelte sich in dem von Tang durchzogenen Wasser. Zuweilen fuhr in der Nähe eine Frachtbarke vorüber oder eine Fischerbarke mit einem lateinischen Segel, dessen spitzes Dreieck für einen Augenblick die fernen Türme der Stadt verdeckte.

»Erzähl mir eine Geschichte!« befahl Margherita, und Filippo neigte seinen schweren Kopf, spielte mit den Goldfransen seines seidenen Leibrocks, sann eine Weile nach und erzählte dann folgende Begebenheit:

»Eine merkwürdige und ungewöhnliche Sache erlebte einst mein Vater zu der Zeit, da er noch in Byzanz lebte, lang ehe ich noch geboren wurde. Er betrieb damals das Geschäft eines Arztes und Ratgebers in schwierigen Fällen, wie er denn sowohl die Heilkunde wie die Magie von einem Perser, der in Smyrna lebte, erlernt und in beidem große Kenntnisse erworben hatte. Da er aber ein ehrlicher Mann war und sich weder auf Betrügereien noch auf Schmeicheleien, sondern einzig auf seine Kunst verließ, hatte er vom Neid mancher Schwindler und Kurpfuscher viel zu leiden und sehnte sich schon lange nach einer Gelegenheit, in seine Heimat zurückzukehren. Doch wollte mein armer Vater das durchaus nicht eher tun, als bis er sich wenigstens ein geringes Vermögen in der Fremde erworben hätte, denn er wußte zu Hause die Seinigen in ärmlichen Verhältnissen schmachten. Je weniger daher sein Glück in Byzanz blühen wollte, während er doch manche Betrüger und Nichtskönner ohne Mühe zu Reichtümern gelangen sah, desto trauriger wurde mein guter Vater und verzweifelte nahezu an der Möglichkeit, ohne marktschreierische Mittel sich aus seiner Not zu ziehen. Denn es fehlte ihm keineswegs an Klienten, und er hat Hunderten in den schwierigsten Lagen geholfen, aber es waren zumeist arme und geringe Leute, von denen er sich geschämt hätte, mehr als eine Kleinigkeit für seine Dienste anzunehmen.

In so betrübter Lage war mein Vater schon entschlossen, die Stadt zu Fuß und ohne Geld zu verlassen oder Dienste auf einem Schiff zu suchen. Doch nahm er sich vor, noch einen Monat zu warten, denn es schien ihm nach den Regeln der Astrologie wohl möglich, daß ihm innerhalb dieser Frist ein Glücksfall begegnete. Aber auch diese Zeit verstrich, ohne daß etwas Derartiges geschehen wäre. Traurig packte er also am letzten Tag seine wenigen Habseligkeiten zusammen und beschloß, am nächsten Morgen aufzubrechen.

Am Abend des letzten Tages wandelte er außerhalb der Stadt am Meeresstrande hin und her, und man kann sich denken, daß seine Gedanken dabei recht trostlos waren. Die Sonne war längst untergegangen, und schon breiteten die Sterne ihr weißes Licht über das ruhige Meer.

Da vernahm mein Vater plötzlich in nächster Nähe ein lautes klägliches Seufzen. Er schaute rings um sich, und da er niemand erblicken konnte, erschrak er gewaltig, denn er nahm es als böses Vorzeichen für seine Abreise. Als jedoch das Klagen und Seufzen sich noch lauter wiederholte, ermannte er sich und rief: ›Wer ist da?‹ Und sogleich hörte er ein Plätschern am Meeresufer, und als er sich dorthin wandte, sah er im blassen Schimmer der Sterne eine helle Gestalt daliegen. Vermeinend, es sei ein Schiffbrüchiger oder Badender, trat er hilfreich hinzu und sah nun mit Erstaunen die schönste, schlanke und schneeweiße Wasserfrau mit halbem Leib aus dem Wasser ragen. Wer aber beschreibt seine Verwunderung, als nun die Nereide ihn mit flehender Stimme anredet: ›Bist du nicht der griechische Magier, welcher in der gelben Gasse wohnt?‹

›Der bin ich‹, antwortete er aufs freundlichste, ›was wollt Ihr von mir?‹

Da begann das junge Meerweib von neuem zu klagen und ihre schönen Arme zu recken und bat unter vielen Seufzern, mein Vater möge doch ihrer Sehnsucht barmherzig sein und ihr einen starken Liebestrank bereiten, da sie sich in vergeblichem Verlangen nach ihrem Geliebten verzehre. Dazu blickte sie ihn aus ihren schönen Augen so flehentlich und traurig an, daß es ihm das Herz bewegte. Er beschloß sogleich, ihr zu helfen; doch fragte er zuvor, auf welche Weise sie ihn belohnen wolle. Da versprach sie ihm eine Kette von Perlen, so lang, daß ein Weib sie achtmal um den Hals zu schlingen vermöge. ›Aber diesen Schatz‹, fuhr sie fort, ›sollst du nicht eher erhalten, als bis ich gesehen habe, daß dein Zauber seine Wirkung getan hat.‹

Darum brauchte sich nun mein Vater nicht zu sorgen, seiner Kunst war er sicher. Er eilte in die Stadt zurück, brach seine wohlverpackten Bündel wieder auf und bereitete den gewünschten Liebestrank in solcher Eile, daß er schon bald nach Mitternacht wieder an jener Stelle des Ufers war, wo die

Meerfrau auf ihn wartete. Er händigte ihr eine winzig kleine Phiole mit dem kostbaren Saft ein, und unter lebhaften Danksagungen forderte sie ihn auf, in der folgenden Nacht sich wieder einzufinden, um die versprochene reiche Belohnung in Empfang zu nehmen. Er ging davon und brachte die Nacht und den Tag in der stärksten Erwartung zu. Denn wenn er auch an der Kraft und Wirkung seines Trankes keinerlei Zweifel hegte, so wußte er doch nicht, ob auf das Wort der Nixe Verlaß sein werde. In solchen Gedanken verfügte er sich bei Einbruch der folgenden Nacht wieder an denselben Ort, und er brauchte nicht lange zu warten, bis auch das Meerweib in seiner Nähe aus den Wellen tauchte.

Wie erschrak jedoch mein armer Vater, als er sah, was er mit seiner Kunst angerichtet hatte! Als nämlich die Nixe lächelnd näher kam und ihm in der Rechten die schwere Perlenkette entgegenhielt, erblickte er in ihrem Arm den Leichnam eines ungewöhnlich schönen Jünglings, welchen er an seiner Kleidung als einen griechischen Schiffer erkannte. Sein Gesicht war totenblaß, und seine Locken schwammen auf den Wellen, die Nixe drückte ihn zärtlich an sich und wiegte ihn wie einen kleinen Knaben auf den Armen.

Sobald mein Vater dies gesehen hatte, tat er einen lauten Schrei und verwünschte sich und seine Kunst, worauf das Weib mit ihrem toten Geliebten plötzlich in die Tiefe versank. Auf dem Sand des Ufers lag die Perlenkette, und da nun doch das Unheil nicht wiedergutzumachen war, nahm er sie an sich und trug sie unter dem Mantel in seine Wohnung, wo er sie zertrennte, um die Perlen einzeln zu verkaufen. Mit dem erlösten Geld begab er sich auf ein nach Zypern abgehendes Schiff und glaubte nun, aller Not für immer entronnen zu sein. Allein das an dem Geld hängende Blut eines Unschuldigen brachte ihn von einem Unglück ins andere, so daß er, durch Stürme und Seeräuber aller seiner Habe beraubt, seine Heimat erst nach zwei Jahren als ein schiffbrüchiger Bettler erreichte.«

Während dieser ganzen Erzählung lag die Herrin auf ihrem Polster und hörte mit großer Aufmerksamkeit zu. Als der Zwerg zu Ende war und schwieg, sprach auch sie kein Wort und verharrte in tiefem Nachdenken, bis der Ruderer innehielt und auf den Befehl zur Heimkehr wartete. Dann schrak sie wie aus einem Traume auf, winkte dem Gondoliere und zog die Vorhänge vor sich zusammen. Das Ruder drehte sich eilig, die Gondel flog wie ein schwarzer Vogel der Stadt entgegen, und der allein dahockende Zwerg blickte ruhig und ernsthaft über die dunkelnde Lagune, als sänne er schon wieder einer neuen Geschichte nach. In Bälde war die Stadt erreicht, und die Gondel eilte durch den Rio Panada und mehrere kleine Kanäle nach Hause.

In dieser Nacht schlief Margherita sehr unruhig. Durch die Geschichte vom Liebestrank war sie, wie der Zwerg vorausgesehen hatte, auf den Gedanken gekommen, sich desselben Mittels zu bedienen, um das Herz ihres Verlobten sicher an sich zu fesseln. Am nächsten Tag begann sie mit Filippo darüber zu reden, aber nicht geradeheraus, sondern indem sie aus Scheu allerlei Fragen stellte. Sie legte Neugierde an den Tag, zu erfahren, wie denn ein solcher Liebestrank beschaffen sei, ob wohl heute noch jemand das Geheimnis seiner Zubereitung kenne, ob er keine giftigen und schädlichen Säfte enthalte und ob sein Geschmack nicht derart sei, daß der Trinkende Argwohn schöpfen müsse. Der schlaue Filippo gab auf alle diese Fragen gleichgültig Antwort und tat, als merke er nichts von den geheimen Wünschen seiner Herrin, so daß diese immer deutlicher reden mußte und ihn schließlich geradezu fragte, ob sich wohl in Venedig jemand finden würde, der imstande wäre, jenen Trank herzustellen.

Da lachte der Zwerg und rief: »Ihr scheint mir sehr wenig Fertigkeit zuzutrauen, meine Herrin, wenn Ihr glaubt, daß ich von meinem Vater, der ein so großer Weiser war, nicht einmal diese einfachsten Anfänge der Magie erlernt habe.«

»Also vermöchtest du selbst einen solchen Liebestrank zu bereiten?« rief die Dame mit großer Freude.

»Nichts leichter als dieses«, erwiderte Filippo. »Nur kann ich allerdings nicht einsehen, wozu Ihr meiner Kunst bedürfen solltet, da Ihr doch am Ziel Eurer Wünsche seid und einen der schönsten und reichsten Männer zum Verlobten habt.«

Aber die Schöne ließ nicht nach, in ihn zu dringen, und am Ende fügte er sich unter scheinbarem Widerstreben. Der Zwerg erhielt Geld zur Beschaffung der nötigen Gewürze und geheimen Mittel, und für später, wenn alles gelungen wäre, wurde ihm ein ansehnliches Geschenk versprochen.

Er war schon nach zwei Tagen mit seinen Vorbereitungen fertig und trug den Zaubertrank in einem kleinen blauen Glasfläschchen, das vom Spiegeltisch seiner Herrin genommen war, bei sich. Da die Abreise des Herrn Baldassare nach Zypern schon nahe bevorstand, war Eile geboten. Als nun an einem der folgenden Tage Baldassare seiner Braut eine heimliche Lustfahrt am Nachmittag vorschlug, wo der Hitze wegen in dieser Jahreszeit sonst niemand Spazierfahrten unternahm, da schien dies sowohl Margheriten wie dem Zwerge die geeignete Gelegenheit zu sein.

Als zur bezeichneten Stunde am hintern Tor des Hauses Baldassares Gondel vorfuhr, stand Margherita schon bereit und hatte Filippo bei sich, welcher eine Weinflasche und ein Körbchen Pfirsiche in das Boot brachte und, nachdem die Herrschaften eingestiegen waren, sich gleichfalls in die Gondel verfügte und hinten zu den Füßen des Ruderers Platz nahm. Dem jungen Herrn mißfiel es, daß Filippo mitfuhr, doch enthielt er sich, etwas darüber zu sagen, da er in diesen letzten Tagen vor seiner Abreise mehr als sonst den Wünschen seiner Geliebten nachzugeben für gut hielt.

Der Ruderer stieß ab. Baldassare zog die Vorhänge dicht zusammen und koste im versteckten und überdachten Sitzraum mit seiner Braut. Der Zwerg saß ruhig im Hinterteil der Gondel und betrachtete die alten, hohen und finsteren Häuser des Rio dei Barcaroli, durch welchen der Ruderer das Fahrzeug trieb, bis es beim alten Palazzo Giustiniani, neben welchem damals noch ein kleiner Garten lag, die Lagune am Ausgang des Canal Grande erreichte. Heute steht, wie jedermann weiß, an jener Ecke der schöne Palazzo Barozzi.

Zuweilen drang aus dem verschlossenen Raum ein gedämpftes Gelächter oder das leise Geräusch eines Kusses oder das Bruchstück eines Gesprächs. Filippo war nicht neugierig. Er blickte übers Wasser bald nach der sonnigen Riva, bald nach dem schlanken Turm von San Giorgio Maggiore, bald rückwärts gegen die Löwensäule der Piazzetta. Zuweilen blinzelte er dem fleißig arbeitenden Ruderer zu, zuweilen plätscherte er mit einer dünnen Weidengerte, die er am Boden gefunden hatte, im Wasser. Sein Gesicht war so häßlich und unbeweglich wie immer und spiegelte nichts von seinen Gedanken wider. Er dachte eben an sein ertrunkenes Hündchen Fino und an den erdrosselten Papagei und erwog bei sich, wie allen Wesen, Tieren wie Menschen, beständig das Verderben so nahe ist und daß wir auf dieser Welt nichts vorhersehen und -wissen können als den sicheren Tod. Er gedachte seines Vaters und seiner Heimat und seines ganzen Lebens, und ein Spott überflog sein Gesicht, da er bedachte, wie fast überall die Weisen im Dienste der Narren stehen und wie das Leben der meisten Menschen einer schlechten Komödie gleicht. Er lächelte, indem er an seinem reichen seidenen Kleide niedersah.

Und während er noch stille saß und lächelte, geschah das, worauf er schon die ganze Zeit gewartet hatte. Unter dem Gondeldach erklang die Stimme Baldassares und gleich darauf die Margheritas, welche rief: »Wo hast du den Wein und den Becher, Filippo?« Herr Baldassare hatte Durst, und es war nun Zeit, ihm mit dem Weine jenen Trank beizubringen.

Er öffnete sein kleines blaues Fläschchen, goß den Saft in einen Trinkbecher und füllte ihn mit rotem Wein nach. Margherita öffnete die Vorhänge, und der Zwerg bediente sie, indem er der Dame die Pfirsiche, dem Bräutigam aber den Becher darbot. Sie warf ihm fragende Blicke zu und schien von Unruhe erfüllt.

Herr Baldassare hob den Becher und führte ihn zum Munde. Da fiel sein Blick auf den noch vor ihm stehenden Zwerg, und plötzlich stieg ein Argwohn in seiner Seele auf.

»Halt«, rief er, »Schlingeln von deiner Art ist nie zu trauen. Ehe ich trinke, will ich dich vorkosten sehen.«

Filippo verzog keine Miene. »Der Wein ist gut«, sagte er höflich.

Aber jener blieb mißtrauisch. »Wagst du etwa nicht zu trinken, Kerl?« fragte er böse.

»Verzeiht, Herr«, erwiderte der Zwerg, »ich bin nicht gewohnt, Wein zu trinken.«

»So befehle ich es dir. Ehe du nicht davon getrunken hast, soll mir kein Tropfen über die Lippen kommen.«

»Habt keine Sorge«, lächelte Filippo, verneigte sich, nahm den Becher aus Baldassares Händen, trank einen Schluck daraus und gab ihn zurück. Baldassare sah ihm zu, dann trank er den Rest des Weines mit einem starken Zug aus.

Es war heiß, die Lagune glänzte mit blendendem Schimmer. Die Liebenden suchten wieder den Schatten der Gardinen auf, der Zwerg aber setzte sich seitwärts auf den Boden der Gondel, fuhr sich mit der Hand über die breite Stirn und kniff seinen häßlichen Mund zusammen wie im Schmerz.

Er wußte, daß er in einer Stunde nicht mehr am Leben sein würde. Der Trank war Gift gewesen. Eine seltsame Erwartung bemächtigte sich seiner Seele, die so nahe vor dem Tor des Todes stand. Er blickte nach der Stadt zurück und erinnerte sich der Gedanken, denen er sich vor kurzem hingegeben hatte. Schweigend starrte er über die gleißende Wasserfläche und überdachte sein Leben. Es war eintönig und arm gewesen – ein Weiser im Dienste von Narren, eine schale Komödie. Als er spürte, daß sein Herzschlag ungleich wurde und seine Stirn sich mit Schweiß bedeckte, stieß er ein bitteres Gelächter aus.

Niemand hörte darauf. Der Ruderer stand halb im Schlaf, und hinter den Vorhängen war die schöne Margherita erschrocken um den plötzlich erkrankten Baldassare beschäftigt, der ihr in den Armen starb und kalt wurde. Mit einem lauten Weheschrei stürzte sie hervor. Da lag ihr Zwerg, eingeschlummert, in seinem prächtigen Seidenkleid tot am Boden der Gondel.

Das war Filippos Rache für den Tod seines Hündleins. Die Heimkehr der unseligen Gondel mit den beiden Toten brachte ganz Venedig in Entsetzen.

Donna Margherita verfiel in Wahnsinn, lebte aber noch manche Jahre. Zuweilen saß sie an der Brüstung ihres Balkons und rief jeder vorüberfahrenden Gondel oder Barke zu: »Rettet ihn! Rettet den Hund! Rettet den kleinen Fino!« Aber man erkannte sie schon und achtete nicht darauf.

(1903)

NACHWORT

Aus eigener Erfahrung wissen wir, wie unauslöschlich Eindrücke aus der Kindheit sein und welchen Einfluß sie auf unser späteres Leben haben können. Was für den jungen Goethe, den prominentesten aller Italienreisenden, das Spielzeugmodell einer Gondel war, das ihm sein Vater aus Venedig mitgebracht hatte, ist für Hermann Hesse eine ähnliche Kindheitserinnerung gewesen, die ihn dorthin verlockte: Ein Album mit den populärsten Motiven Venedigs – dem Markusplatz, der Rialtobrücke und dem wie aus Spitzen geklöppelten gotischen Ca'-d'Oro-Palast am Canal Grande –, das Hesse vermutlich schon während der allerersten Schuljahre in die Hände gekommen sein muß, war seine früheste Begegnung mit dem Land, das künftig zu seinem liebsten Reiseziel werden sollte. »Mit Blau und Gelb und Rot und Gold nicht sparend« hat er die Abbildungen damals mit Aquarellfarben koloriert, »oft ungewiß, was Land, was Wasser sei«. Doch bis er sein Phantasiekolorit mit den Farben der Wirklichkeit vergleichen konnte, sollten noch etwa 15 Jahre vergehen.

Die nächste nachhaltige Begegnung mit Venedig verdankte er wohl der Lektüre von Goethes »Italienischer Reise« als junger Buchhandelsgehilfe in Tübingen und der fast gleichzeitigen Bekanntschaft mit dem Werk des Schweizer Kulturhistorikers Jacob Burckhardt. Am 30.3.1898 schrieb der damals Zwanzigjährige an seine Eltern: »Meine Hauptlektüre seit drei Wochen ist die herrliche ›Kultur der Renaissance‹ von Burckhardt, deren ersten Band ich fertig habe. Das Buch ist außer Goethes ›Faust‹ und ›Aus meinem Leben‹ eigentlich das einzige, bei dem ich eine sehr hohe Erwartung übertroffen fand.

Ich finde es bedeutsam, daß eben unsere Zeit erst die Renaissance versteht und gewissermaßen entdeckt hat. [...] Auch ich kann diesem Heimweh nicht entrinnen nach jenem Reichtum an Geist, Kunst, Witz, Schönheit, nach jenen merkwürdigen Städten, wo die höchste Staatskunst neben der höchsten humanistisch-künstlerischen Bildung blühte.«

Diese Sehnsucht hat ihn seitdem nicht mehr verlassen. Nach dem Abschluß seiner vier in Tübingen verbrachten Lehrjahre, zog es den Autor der »Romantischen Lieder« (veröffentlicht im Oktober 1898), der Prosaphantasien »Eine Stunde hinter Mitternacht« (veröffentlicht im Juni 1900) Mitte September 1899 nach Basel, in die Stadt, deren geistiges Leben »von nichts und niemand so stark beeinflußt war wie von Jacob Burckhardt«, der dort zwei Jahre zuvor gestorben war.

Nach täglich mehr als zehnstündiger Dienstzeit als Sortimentsbuchhändler und Antiquar entstand hier sein drittes Bändchen, »Hermann Lauscher«. Danach beschäftigte er sich mit Boccaccio, Franz von Assisi, Leonardo da Vinci, sammelte Reproduktionen von Gemälden und Architekturdenkmälern der Renaissance, las Burckhardts »Die Zeit Constantins des Großen« und legte jeden Rappen seines dürftigen Salärs beiseite, um sich den nun seit Jahren immer dringlicheren Wunsch erfüllen zu können, das Land der Sonne, der Kunst, der naiven und elementaren Lebensfreude nicht nur aus Büchern und Bildern, sondern auch aus eigener Anschauung zu erleben. Im Herbst des Jahres 1900 stand sein Plan fest: im kommenden Frühjahr sein Arbeitsverhältnis zu kündigen, um in der für Italien schönsten Reisezeit mindestens zwei Monate lang das Land seiner hochgespannten Erwartungen kennenzulernen. Und um jedes Risiko auszuschließen, die Reise aus finanziellen Gründen vorzeitig abbrechen zu müssen, kam er auf eine ungewöhnliche und auch noch für sein späteres

Leben nutzbringende Idee. Um sich die nötigen Mittel zu verschaffen, ohne doch betteln zu müssen, bot er Freunden und Bekannten ein unveröffentlichtes Manuskript an, einen Zyklus seiner neuesten, meist nachts entstandenen »Notturni«-Gedichte. In einem Rundschreiben dazu heißt es: »Um diese intime Art der Mitteilung« habe er besonders die persische Literatur schon immer beneidet. Denn sie gewähre den Vorteil, »meine Dichtung, der Spekulation des Handels und der Presse entzogen, nur von Freunden und Wohlgesinnten gelesen zu wissen«. Er gedenke etwa 20 Exemplare herauszugeben, von denen jedes, mit persönlicher Widmung versehen, 20 Franken koste. »Bestellungen von nicht Eingeladenen werden nicht angenommen«, fügt er hinzu, um das Angebot interessanter zu machen. Die Exemplare seien »sämtlich sowohl durch die Widmungen wie durch absichtliche, zum Teil bedeutende Variationen im Text als Unica bezeichnet. Sollte Ihnen ein Vers besonders gefallen, so seien Sie bitte überzeugt, daß ich ihn speziell für Sie eingefügt habe. Bei weniger glücklichen Passagen aber mögen Sie sich sagen, daß ich sie vermutlich bei den übrigen Exemplaren besser überlegt haben werde.«

Durch diese gewitzte Methode, aus der Not eine Tugend zu machen, gelang es ihm, seine Reisekasse um annähernd 400 Franken aufzubessern, und dies sogar rascher als vermutet, trotz seines damals noch bescheidenen literarischen Renommees. So konnte er bereits am 13.10.1900 dem Tübinger Freund Eberhard, dem Vater des Schriftstellers Albrecht Goes, melden: »Der Erlös der Exemplare, die schon fast alle verkauft sind, wird hauptsächlich meiner für nächsten Frühling geplanten italienischen Reise dienen.«

Am 25.3.1901 war es endlich soweit: Nach einem Intensivstudium der italienischen Sprache im Selbstunterricht und drei Wochen sorgfältiger Vorbereitung im heimatlichen Calw brach er auf, im Reisegepäck außer dem Baedeker auch Jacob Burckhardts »Cicerone – Eine Anleitung zum Genuß der Kunstwerke Italiens«. Daß nach solch ausgiebiger Vorbereitung die Begegnung mit der Wirklichkeit zur Offenbarung werden und auf den denkbar empfänglichsten Boden fallen mußte, war bei einem Naturell wie demjenigen Hesses unausweichlich: »Das jahrelang erträumte Betreten des italienischen Bodens gab mir ein so intensives, erhöhtes Glücksgefühl, wie ich es bis dahin kaum gekannt hatte.«

Seine Reisetagebücher geben darüber Auskunft. Zunächst einmal verändern sich bei Hesse, wie bei jedem, der zum erstenmal ans Mittelmeer reist, die bisher gültigen Wertmaßstäbe. Kaum eine Woche in Italien und erst wenige Stunden in Florenz, schrieb er seinen Eltern: »Angesichts dieser Kultur und dieses Lebens sinkt mein Nationalgefühl auf Null.« Eine Beschämung, die sich noch verstärkte, wenn er anderen Italientouristen, namentlich seinen Landsleuten, begegnete, die mit dem Blick auf das Tyrrhenische Meer sangen: »Wie ist es am Rhein so schön« und auf den Speisekarten statt der unverwechselbaren Gerichte des Gastlandes die deutsche Küche vermißten. »Wie gemein so ein feister deutscher Kommerzienrat neben einem italienischen Bettelbuben aussehen kann«, notierte Hesse in sein Tagebuch, das durchaus nicht den Eindruck macht, als sei es vor mehr als hundert Jahren geschrieben. Denn seine burschikose Art zu reisen, die mit einem Minimum an Komfort ein Maximum an Erlebnis ermöglicht, hat nach wie vor etwas Alternatives, womit sich die Tramper unserer Jeans-Generationen wiedererkennen und mit seiner Reisetechnik identifizieren können. Er reiste nicht als Frachtgut touristischer Agenturen, sondern auf eigene Faust. »Mir ist auf Reisen nur wohl, wenn es ganz schlicht und handwerksburschenhaft zugeht, dritter Klasse und zu Fuß, ohne

Hotels und ohne täglich warm zu essen«, berichtete er 1904 in einem Brief. Der organisierten Fremdbestimmung zog er das Improvisieren vor. Das Vertrauen in den Zufall, in den Reiz der Überraschungen und Risiken gehörte für ihn zur Poesie des Unterwegsseins. Auf den ökonomischen Vorteil, den der Gesellschaftstourismus zu bieten hat, brauchte er dabei nicht zu verzichten, zudem konnte man in Eisenbahnwaggons dritter Klasse mit der Bevölkerung des Gastlandes in Berührung kommen und die Fahrt, wo immer es verlockend erschien, unterbrechen. Dasselbe betraf Unterkunft und Verpflegung, wobei Hesse einheimische Schenken und Privatpensionen bevorzugte, da sie ihn am Alltag und den unterschiedlichen Eß- und Lebensgewohnheiten der Einheimischen teilnehmen ließen: »Diese Leute sind, wenn sie nicht gerade Geschäfte machen, von einer Naivität und Sicherheit des Sichgebens, dabei von einer natürlichen Lebensart und Beweglichkeit, neben der wir Nordländer Marionetten sind.« Statt sich professionellen Fremdenführern anzuschließen und sich demonstrieren zu lassen, was zur Bildung gehört, war er lieber sein eigener Cicerone oder ließ sich, wie in Chioggia, die Besonderheiten von einem achtjährigen Gassenbuben zeigen, qualifiziert durch ein »braunschwarzes schlaues Gesicht, ganz wild, geht in keine Schule«.

Wie oft Hesse auch später nach Italien (und anderswohin) aufbrach, nie hat er – selbst nicht als etablierter Autor, der sich ein wenig Luxus durchaus hätte gönnen können – diese Art des Reisens aufgegeben, denn so vermochte er das Fremde so authentisch und unmittelbar wie möglich am eigenen Leib zu erfahren. »Die Poesie des Reisens«, schrieb er 1904, »liegt im Erleben, im Reicherwerden, im organischen Angliedern von Neuerworbenem, im Zunehmen unseres Verständnisses für die Einheit im Vielfältigen […], im Wiederfinden von alten Wahrheiten und Gesetzen unter ganz neuen Verhältnissen.«

Zuerst besuchte er Mailand, Genua, Pisa und Livorno. Danach machte er Station in Florenz, wo er sich fast den ganzen April 1901 aufhielt und Ausflüge nach Pistoia und Prato unternahm. Dann ging es über Bologna, Ravenna und Padua für drei Wochen nach Venedig, wo er wie schon zuvor Tag für Tag seine Beobachtungen und Erlebnisse in kleine schwarze Wachstuchhefte notierte, dazu eine Fülle von Gedichten mit venezianischen Impressionen.

Es ist erstaunlich, was der 23-Jährige alles wahrnimmt, mit welcher Hingabe er sich der neuen Kultur geöffnet und welches Pensum er sich abverlangt hat, um der verwirrenden Vielfalt an kunsthistorischen Attraktionen, Gebäuden, Galerien und der fast hundert Kirchen der Inselstadt einigermaßen gerecht zu werden. Selbständig auch in der Bewertung von Malerei und Architektur wird er mitunter geradezu zum Entdecker, dem die Reiseführer schon bald nicht mehr genügen: »Baedeker schweigt unverantwortlich«, notierte er damals. Was Wunder bei einer Sensibilität und Vielseitigkeit der Wahrnehmung, welche für alltägliche Reize wie Wolken, Himmel und Wasser, die Eigenarten von Vegetation und Landschaft, die Effekte von Licht und Schatten zu den verschiedenen Tageszeiten ebenso empfänglich war wie für die Musik der architektonischen Proportionen und das Unverwechselbare in Kunst und Kultur. Eine ganz ungewöhnliche Begabung des Auges zeigte sich in Hesses Aufzeichnungen. Die Komposition oder der Pinselstrich eines Gemäldes faszinierten ihn nicht weniger als die Schlammbänke der Lagune, die kein Reiseveranstalter in seinem Programm von Sehenswürdigkeiten wagen würde anzubieten, obwohl man dort »fabelhaftere und reichere Tönungen, Übergänge und Auflösungen irisierender

Farbflächen studieren kann als in den Glasbläsereien« von Murano. »Die venezianische Lagune«, erinnert er sich 1904 in seiner Betrachtung »Über das Reisen«, »wäre mir, trotz meiner eifrigen Liebe für Venedig, noch heute eine fremde, sonderbare, unbegriffene Kuriosität, wenn ich nicht einst, des blöden Hinstarrens müde, für acht Tage und Nächte das Boot und Brot und Bett eines Fischers von Torcello geteilt hätte. Ich ruderte an den Inseln entlang, watete mit dem Handnetz durch die braunen Schlammbänke, lernte Wasser, Gewächs und Getier der Lagune kennen, atmete und beobachtete ihre eigentümliche Luft, und seither ist sie mir vertraut und befreundet. Jene acht Tage hätte ich vielleicht für Tizian und Veronese verwenden können, aber ich habe in jenem Fischerboot mit dem goldbraunen Dreieckssegel Tizian und Veronese besser verstehen gelernt als in der Akademie und im Dogenpalast. Und nicht nur die paar Bilder, sondern das ganze Venedig ist mir nun kein schönes banges Rätsel mehr, sondern eine viel schönere, mir zugehörende Wirklichkeit, an die ich das Recht des Verstehenden habe.«

Einen Gondoliere bittet Hesse zu dessen Verwunderung, nicht die kürzeste Route einzuschlagen, sondern den Lichtreflexen zu folgen, mit denen die Aprilsonne den Guidecca-Kanal verzaubert. Was er dabei beobachtet, wird in seinen Aufzeichnungen zur Malerei in Prosa, impressionistisch und doch so exakt, dass es noch 100 Jahre nach der Niederschrift und mehr als drei Jahrzehnte nach Hesses Tod auf ganz andere Weise Aufsehen erregt hat. Es veranlasste Venedigs Umweltbehörde zu einer der Rettung der Lagune gewidmeten Veranstaltung im Palazzo Labia, begleitet von einer Ausstellung im Palazzo Albruzzi. Ihr Ziel war es, in der Bevölkerung ein Bewußtsein zu wecken, dass nun endlich etwas getan werden müsse, um den ursprünglichen, von Hesse beschriebenen

Zustand der Lagune wiederherzustellen. Dabei wurden mit einer Bilddokumentation seine Reisetagebücher vorgetragen und durch sachkundige Referate erläutert. Denn kein anderer Dichter habe den Farbenzauber des ehemals noch intakten Gewässers, die Lichteffekte der Lagune, die durch die submarine Vegetation im Brackwasser des manchmal nur 30 cm tiefen Wattenmeers entstehen, so eindrucksvoll geschildert. Im April 1996 fand die Veranstaltung statt, aufwendig plakatiert in ganz Venedig mit dem Motto »Hermann Hesse e i colori della laguna«, und hatte beachtlichen Zulauf. Ob es etwas genutzt hat, darf man bezweifeln. Aber sind das nicht Impulse von Literatur, die immerhin vitaler sind als Debatten um die Bedeutung des Kommas bei Kafka?

Auch die historischen Veduten von Venedig sah Hesse damals auf neue Weise: »Unbewußt habe ich die große Klugheit begangen, erst ein paar Tage venezianische Sonne zu sehen und hiesige Luft zu atmen, ehe ich die venezianische Malerei zu betrachten anfing.« Manches, was ihm zuvor in den Gemäldesammlungen von Florenz noch unwahrscheinlich und als individuelle Willkür der Maler vorkam, erkannte er nun vor Ort als Wiedergabe unverwechselbar lokaler Licht- und Farbqualitäten. Ähnliches gilt für die Porträtmalerei, so daß er im Tagebuch notierte, er habe eine Frau mit Perugino-Augen gesehen, und eines Tages berichten kann: »Heute ist mir das süßeste und lieblichste Wunder begegnet. Ich sah jene entzückende Blonde, die Bonifazio [Veronese] vor 400 Jahren als Lautenspielerin gemalt hat. [...] Ich konnte nicht widerstehen, ich mußte Halt machen und sie anreden. [...] Sie war es vollkommen: der zarte Hals, das kindliche und träumerische Gesicht, die feinen Schultern, das schwere, hochgebundene Haar. Sie heißt Gina Salistri, ist armer Leute Kind und wohnt bei San Giobbe. [...] In Wirklichkeit aber ist sie eine Traumschöpfung des Meisters Bonifazio, nach 400 Jahren zu Leben und körperlichem Dasein erwacht.«

In den Gallerie dell'Accademia hatte er zuvor das 1545 entstandene Veronese-Gemälde vom Gastmahl des reichen Prassers gesehen, der vom aussätzigen Lazarus um eine Spende gebeten wird. Und wie eine gegenwärtige Inkarnation der in der Bildmitte dargestellten Lautenspielerin kam ihm diese Gina vor, die er kurz darauf an der Bootsanlegestelle vor dem Colleoni-Denkmal erblickte, ungeduldig auf einen säumigen Fährmann wartend, der sie zu ihrer Wohnung im Arbeiterquartier von Cannaregio bringen sollte. Bezaubert von ihrer Anmut, bot er ihr seine eigene Gondel an, um sie dorthin zu begleiten. Dabei entspann sich eine für den schüchternen Dichter charakteristische Romanze, von der im Tagebuch nur der zaghafte Beginn aufscheint, während deren weiterer Verlauf seine Gedichte verraten. Ob es sich dabei um Wunschdenken oder um die reale Fortsetzung seiner Passion für die Fischerstochter handelt, ist nicht mehr auszumachen. In einem vermutlich an Valentin Scherer gerichteten Gedicht, »Einem Kameraden«, erinnert er sich: »Du weißt, damals war mir ein Mädchen gut, / Klein, schön und schweigsam, echtes Fischerblut / Ein Kind des Meeres und des Müßiggangs. / Wie müht' ich mich um sie! Und dann gelang's, / Im Kirchtor von San Giobbe gab sie mir / Den ersten Gruß und Wink – – ich sage dir, / Seitdem hat keine Frauenschönheit mehr / Mich so erfüllt! Du weißt ja noch, wie schwer / Ich Abschied nahm und wie ich wochenlang / Schweigsam und bitter mit der Sehnsucht rang.« Daß er ihr, wie die Fortsetzung des Gedichtes mitteilt, nach seiner Rückkehr aus Basel geschrieben hat und der Brief als unzustellbar zurückkam, spricht eher dafür. Es ist reizvoll zu verfolgen, wie Hesse seine, in den Tagebüchern oft nur stichworthaft vermerkten, Beobachtungen bald darauf in Gedichten (vgl. zu dieser Episode das Gedicht »Bonifazios Bild«) verarbeitet hat und wie sich ihr Aggregatzustand dabei nach und nach vom Persönlichen ins Allgemeine und Fiktionale verändert.

Das Märchen »Der Zwerg« dagegen ist reine Erfindung und ein gutes Beispiel für Hesses Gewohnheit, sich beim Anblick historischer Architekturen in die Entstehungs- und Blütezeit jener Bauwerke zurückzuversetzen, um in der Phantasie das mittlerweile Märchenhafte ihrer Existenz und Atmosphäre zu vergegenwärtigen und wiederzubeleben. Diese im Ton der Renaissancenovellen des Matteo Bandello (1485-1562) vorgetragene Rahmenerzählung vom häßlichen Weisen, der seine Talente im Dienst an wohlgestalteten Narren verschleudern muß, spielt im Venedig des 16. Jahrhunderts und schildert zugleich den morbiden Zauber der labyrinthischen Inselstadt mit einer Bildhaftigkeit, die an die »Erzählungen aus TausendundeinerNacht« erinnert. Auch das, was Venedig so einzigartig macht und bewahrt hat vor einer Expansion mit Bebauungen der Neuzeit, geschweige denn vor einer Erschließung für den Kraftfahrzeugverkehr: seine nur zu Fuß über Hunderte von verwinkelten Gassen, Wasserstraßen, Brücken in Booten oder mögliche Erkundbarkeit, kommt in Hesses Schilderungen mit all ihren Reizen zur Geltung.

Früher als geplant, bereits nach sieben Wochen, mußte der Dichter seine erste Italienreise abbrechen, da ihm am 16.5.1901 von der heimatlichen Militärbehörde der Musterungsbescheid nachgesandt worden war. »Wenn man von Italien heimreist«, heißt es im »Peter Camenzind«, »pfeift man auf Prinzipien und Vorurteile, man trägt die Hände in den Hosentaschen und kommt sich als durchtriebener Lebenskünstler vor. Man ist eine Weile im wohlig warmen Volksleben des Südens mitgeschwommen« und müsse dann zu Hause, wo

man das alte, steife Leben unverjüngt und unveränderlich an-
treffe, kleinlaut und ärgerlich von der Höhe der neu erworbenen Heiterkeit Stufe um Stufe herabsteigen. »Aber etwas von
dem Erworbenen keimte doch weiter«, so daß es zwei Jahre
später nur eines zufälligen Anstoßes bedurfte, um vom einen
auf den anderen Tag erneut nach Venedig – und danach bis
1914 mitunter jedes zweite Jahr – für einige Wochen nach Italien aufzubrechen.

Diesmal freilich, im April 1903, reiste Hesse nicht mehr
allein, sondern in Begleitung zweier junger Damen, einer
Malerin und ihrer Freundin, der Basler Photographin Maria
Bernoulli, die bald schon seine Frau werden sollte. Diese zweite Italienreise, obwohl sie etwa zur selben Jahreszeit, jedoch
bei empfindlich schlechterem Wetter völlig spontan und un-
vorbereitet unternommen wurde, dauerte fast vier Wochen.
Die bei Hesse mitunter aufkommende Verstimmung, diesmal
in seiner Unabhängigkeit etwas eingeschränkt zu sein, wurde wieder aufgewogen durch die Freude, den Begleiterinnen
die ihm vertrauten Stationen seiner ersten Reise zeigen und
seine Kunstbegeisterung mit ihnen teilen zu können. Zehn
Tage verbrachte er mit ihnen in Florenz. Danach trennten
sich ihre Wege. Von dort aus fuhr er ein weiteres Mal nach
Venedig, wieder allein und diesmal ohne den Ehrgeiz, seinen
»Bildungssack zu komplettieren«, vielleicht aber auch, um
nach Gina, dem Fischermädchen aus San Giobbe, Ausschau zu
halten.

Auch Hesses erster Roman, »Peter Camenzind«, dessen
Manuskript er unmittelbar nach seiner zweiten Italienreise
an Samuel Fischer sandte, ist voll von italienischen Motiven.
Es sei, schreibt der 25-Jährige in seinem Begleitbrief vom
9.5.1903 an den Verleger, zwar unmodern, ja antimodern, dagegen seien Land und Volk aus langen und liebevollen Studi-

en dargestellt, so daß sein Werkchen nichts Erfundenes und Unerlebtes enthalte. Auch das läßt sich nun anhand der Reisetagebücher verifizieren, die im »Peter Camenzind« eigens erwähnt werden: »Da hatte ich knapp und kurz Notizen über alles Sichtbare in der Welt aufgeschrieben, ohne Reflexionen und ohne Verbindungen. Es waren Skizzenhefte wie die eines Zeichners, und sie enthielten in kurzen Worten lauter reale Dinge: Bilder aus Gassen und Landstraßen, Silhouetten von Gebirgen und Städten, erlauschte Gespräche [...], Notizen über Beleuchtung, Winde, Regen, Gestein [...], Meerfarbenspiel und Wolkenformen. Gelegentlich hatte ich auch kurze Geschichten daraus bearbeitet und veröffentlicht.«

Der vorliegende Band enthält alles, was von Hesses Venedig-Aufzeichnungen überliefert ist. Die Grundlage dazu waren seine Reisetagebücher aus den Jahren 1901 und 1903. Aus dem ersten von beiden hat er die Feuilletons »In den Kanälen Venedigs«, »Die Lagune« und das »Venezianische Notizbüchlein« geformt. Von dieser Bearbeitung existieren mehrere, nicht wesentlich voneinander abweichende Varianten, die von 1902 bis 1911 in acht verschiedenen Zeitungen veröffentlicht worden sind. Wohl auch um die Feuilletonfassung vom Original seines Reisetagebuchs zu unterscheiden, hat er darin die Begebenheiten geringfügig vordatiert. Erstaunlich reichhaltig, gemessen an den wenigen Wochen, die er sich in der Lagunenstadt aufhielt, war deren lyrische Ernte. Insgesamt 35, teilweise ausgesprochen epische Gedichte schildern weitere Eindrücke. Doch nur ein knappes Drittel davon hat Hesse später in die Buchausgaben seiner Gedichte aufgenommen.

Nach Venedig ist er nach 1903 nie mehr gereist. Und doch sind diese Aufzeichnungen des 25jährigen so zeitlos ansprechend geblieben wie die Lagunenstadt selbst und können auch heute, mehr als 100 Jahre später, die Hoffnung erfüllen,

die der Dichter 1901 seinem »Venezianischen Notizbüchlein«
vorangestellt hat: Er wünsche sich Leser, »die mein Buch auf
heißen nachmittäglichen Lagunenfahrten und auf morgendlichen Strandgängen am Lido begleiten darf«.

Volker Michels